Gustav A Heckert

Leucochloridium paradoxum

Darstellung der Entwicklungs- und Lebensgeschichte des Distomum macrostomum

Gustav A Heckert

Leucochloridium paradoxum
Darstellung der Entwicklungs- und Lebensgeschichte des Distomum macrostomum

ISBN/EAN: 9783743381742

Hergestellt in Europa, USA, Kanada, Australien, Japan

Cover: Foto ©Andreas Hilbeck / pixelio.de

Manufactured and distributed by brebook publishing software (www.brebook.com)

Gustav A Heckert

Leucochloridium paradoxum

LEUCOCHLORIDIUM PARADOXUM.

MONOGRAPHISCHE DARSTELLUNG

DER

ENTWICKLUNGS- UND LEBENSGESCHICHTE

DES

DISTOMUM MACROSTOMUM.

VON

DR. GUSTAV A. HECKERT

AUS

BERLIN.

CASSEL.
VERLAG VON THEODOR FISCHER.
1889.

Unter einer grösseren Anzahl im Sommer 1885 eingesammelter und behufs anatomischer Untersuchung in das zoologische Institut zu Leipzig gebrachter Individuen von Succinea amphibia, befand sich auch ein Exemplar, das bereits auf den ersten Blick sich als mit Leucochloridium paradoxum behaftet erwies: in den stark aufgetriebenen Fühlern zeigten sich die grün und weiss gefärbten Schläuche in lebhaft pulsierender Bewegung.

Begreiflicher Weise erregte diese Entdeckung im Institute das allgemeinste Interesse, denn bis dahin war von einem Vorkommen des Parasiten in der Umgebung von Leipzig noch nichts bekannt gewesen, und Alles wanderte hinaus, um womöglich weitere Exemplare zu erbeuten. Das wollte nun zwar nicht jedem gelingen, immerhin aber wurde durch diese vereinten Bemühungen festgestellt, dass das Vorkommen des Leucochloridium paradoxum in den sumpfigen Waldungen der Umgebung von Leipzig ein gar nicht seltenes ist. Da also gegründete Aussicht vorhanden war, es werde an dem nötigen Material Mangel nicht eintreten, beschloss ich auf Anraten des Leiters unseres Institutes, des Herrn Geheimrat Leuckart, die Anatomie und Entwicklungsgeschichte des interessanten Parasiten einer eingehenderen Untersuchung zu unterwerfen. Es ist mir eine angenehme Pflicht, auch an dieser Stelle meinem hochverehrten Lehrer für die wohlwollende Anleitung, sowie für das nie ermüdende Interesse und die stetige Förderung, welche er meiner Arbeit während ihrer ganzen Dauer zu Teil werden liess, meinen herzlichsten Dank auszusprechen. Desgleichen kann ich nicht umhin, Herrn Professor Dr. Fraisse für die freundliche Ueberlassung seines Gartens, sowie für die gern gestattete Benutzung seiner Bibliothek wärmsten Dank zu sagen.

Da die vollständige Kenntnis der eigentümlichen und complicierten Entwicklungs- und Lebensgeschichte der Saugwürmer erst eine Errungenschaft der letzten Jahrzehnte ist, so kann es nicht Wunder nehmen, wenn die älteren Forscher, die über die Natur von einzeln auftretenden Entwicklungsstadien jener Würmer noch völlig im Dunkeln waren, dieselben als Repräsentanten nicht nur besonderer Arten, sondern sogar eigener Gattungen und Familien auffassten. So verdankt unter vielen anderen auch unser Leucochloridium paradoxum, das wir heute als die Jugendform des Distomum macrostomum kennen, diesem Umstande seinen Namen als besondere Form, einen Namen, in dem der Namengeber, C. G. Carus, selbst deutlich genug ausdrückt, dass er mit dem sonderbaren, grün-weissen Dinge nichts rechtes anzufangen wusste. In um so höherem Grade aber musste es in Folge dessen bei seiner auffälligen Gestalt und

Lebensweise das Interesse seiner Beobachter in Anspruch nehmen, und das um so mehr, als infolge des spärlichen und sporadischen Auftretens es nur wenige Begünstigte waren, welche aus eigener Anschauung das seltsame Wesen lebend beobachten und einer genaueren Untersuchung unterwerfen konnten.

Aus diesem Grunde finden wir denn auch in der älteren Litteratur nur verhältnismässig wenige und durch lange Zeiträume getrennte Mitteilungen über das Leucochloridium vor; diese enthalten neben vielen ungenügend Beobachteten und Irrigen, was durch die herrschenden wissenschaftlichen Anschauungen der Zeit bedingt war, doch auch manches richtig und gut Erkannte und trugen so zur endlichen Erkenntnis des wahren Sachverhaltes und der eigentlichen Natur des merkwürdigen Wesens das ihre bei. Jedenfalls dürfte es sich verlohnen, vorerst in kurzen Zügen ein Bild von der Entdeckungsgeschichte unseres Leucochloridium zu geben.

Ohne Zweifel hat man die von dem Leucochloridium hervorgerufene Auftreibung der Schneckenfühler schon seit langer Zeit gekannt: auf einem sehr alten Hallenser Kupferstiche fand Carus[1], der denselben von Nitzsch zur Ansicht erhielt, in freilich etwas roher Abbildung unter anderem auch eine Bernsteinschnecke gezeichnet, deren Fühler in der charakteristischen Weise durch mehrere der lebhaft gefärbten Schläuche des Leucochloridium entstellt waren, so dass ein Zweifel an der wahren Natur dieser Abnormität sofort als ausgeschlossen erscheinen musste. Das Alter dieses Bildes festzustellen war allerdings nicht ausführbar, immerhin dürfte es doch kein allzu geringes gewesen sein.

Der erste, welcher von einer eigenen Beobachtung des Leucochloridium Mitteilung machte, war August Ahrens[2]. Derselbe fand 1810 in der Düllnitzer Aue bei Halle, einer von der Elster durchflossenen sumpfigen Waldniederung, wie er erzählt, eine Erdschnecke, Helix putris (Succineus put., Succ. amphibia', in deren Fühlern vier dicke, buntgefärbte Schläuche in fortwährender, lebhaft stossender Bewegung sofort in die Augen fielen. Ahrens nahm die Schnecke mit nach Hause, um sie dort weiter zu beobachten. Hier erkannte er zunächst, dass die Schläuche nicht in den Hörnern des Tieres, wohl aber am Halse, gleichsam am Rücken desselben ihren Wohnsitz haben.

Bei der nach dem bald erfolgten Tode der Succinea vorgenommenen Untersuchung der Schläuche vermisst unser Gewährsmann zunächst die Anwesenheit von Apparaten zur Nahrungsaufnahme; weder Fress- noch Saugwerkzeuge kann er mit seinen Sehgläsern auffinden, dagegen constatiert er die Anwesenheit eines kleinen Schwänzchens am hinteren Leibesende.

Den Inhalt der Schläuche bilden Eier von blassgrünlicher Farbe, die etwas durchsichtig und mit einem augenförmigen Flecke versehen sind. Ein Platzen des einen Schlauches in Folge des Druckes, sowie darauffolgendes Hervorquellen des Inhaltes glaubt er als Eierlegen in Anspruch nehmen zu müssen; ob aber das ganze Individuum für eine Insectenlarve oder für einen Intestinalwurm zu halten sei, darüber kann er sich nicht klar werden, obgleich ihm das Eierlegen an sich, sowie der Gegenwart der Eier überhaupt, mehr für die Wurmnatur des fraglichen Gebildes zu sprechen scheint.

Zur genaueren mikroskopischen Untersuchung sandte Ahrens zwei Schläuche an Ramdohr[3], der das Ergebnis dieser seiner Untersuchung als Nachtrag zu der Ahrens'schen Beschreibung veröffentlicht.

---

[1] C. G. Carus. Nov. Act. Curios. Vol. XVII. P. 1. 1837. pag. 91. Beobachtung über Leucochloridium par. etc.
[2] August Ahrens. Magazin der Gesellschaft naturf. Freunde. Berlin 1810. pag. 293. Tab. IX. Fig. 16.
[3] Ramdohr. Mag. der Gesellsch. naturf. Freunde. Berlin 1810. pag. 295.

Auch er konnte an dem Schlauche weder Nerven, Darm, noch sonstige Organe, eben so wenig wie Mund- resp. Fresswerkzeuge auffinden, überzeugte sich aber, dass derselbe keine Insectenlarve sei, sondern ein Wurm. Die im Inneren enthaltenen Gebilde werden von ihm ebenfalls für Eier erklärt. Den neuen Wurm zu benennen, sowie ihm einen Platz im System anzuweisen, überlässt Raudohr Ahrens als dem Entdecker; doch scheint letzterer dies nicht gethan zu haben, da sich ein Jahr später in einem Referate Okens[1]) über den Fund Ahrens' kein Name für das Tier findet, welches nach Okens Ansicht wahrscheinlich in die Sippschaft von Echinorhynchus gehören soll.

Dementsprechend führt auch Rudolphi[2]) in seiner Entozoorum Synopsis den Wurm ohne Namen unter der Rubrik Entozoa vel generis dubii vel fictitia auf.

Seine Taufe als Leucochloridium paradoxum erhielt unser Parasit erst von Carus[3]), welcher im Jahre 1833, ohne von dem Ahrens'schen Funde Kenntnis zu haben, auf einer bewaldeten Elbinsel eine infizierte Succinea entdeckte, die er einer näheren Untersuchung unterwarf.

Die Resultate, zu denen Carus gelangte, waren schon weitergehend und genauer, als die seiner Vorgänger. Zwar hielt er noch immer den Inhalt der Schläuche für Eier, erkannte aber, dass die Embryonen in denselben Distomen waren, sowie dass diese sich auf verschiedenen Stadien der Entwicklung befanden; an den älteren und ausgebildeteren Individuen wurden bereits deutlich das Excretionssystem, sowie im hinteren Körperteile rundliche Organe erkannt, über deren Natur (es sind Geschlechtsdrüsen) Carus jedoch im Zweifel blieb.

Des weiteren wurde constatiert, dass die jungen Distomen von ihren angeblichen Eihüllen nicht blos umgeben waren, sondern mit ihnen sich in einem entschiedenen genetischen Zusammenhange befanden.

Als Keimstätte für die Eier glaubte Carus den vorderen Teil des Schlauches in Anspruch nehmen zu müssen, da er dort, wo die grünen und weissen Bänder zusammenstossen, kleine samenartige, weisse Wülste beobachtete, die als pilzartige Körperchen der Wand aufsitzen sollten. Ausserdem stellte er fest, dass der Schlauch nicht mit einem Schwänzchen endigte, wie Ahrens glaubte, sondern in Verbindung stand mit einem „Convolut unregelmässiger Röhren mit ästigen Enden", welche ebenfalls Eier enthielten und vermutlich Entwicklungsstadien der grossen Schläuche repräsentierten.

Bei der Beurteilung der eventuellen Abstammung und Entstehung jenes parasitischen Convoluts von Schläuchen in der Leber der Schnecke wird Carus von der zu jener Zeit herrschenden Theorie der Generatio aequivoca beeinflusst; nach seiner Ansicht entsteht jenes Gebilde aus der Leber, wie er sich ausdrückt, „durch parasitische Selbstzeugung in Folge eines Uebermasses von bildender Kraft im Schneckenkörper."

Bemerkenswert ist es übrigens, dass in Bezug auf die Systematik Carus dem Leucochloridium, trotzdem er die unzweifelhafte Distomennatur seiner Brut erkannt hatte, in der Nähe der Echinorhynchen eine Sonderstellung anwies, an einem Orte also, wohin bereits Oken unseren Wurm gestellt wissen wollte.

Einen bedeutsamen Schritt weiter thut Wiegmann[4]), der in einem Referate über die Fortschritte der Zoologie im allgemeinen diesen Carus'schen Ansichten sich anschliesst, aber gewichtige Bedenken dagegen

---

[1]) Oken; Isis. Encyclopädische Zeitschrift. Jena 1818. 1. Bd. pag. 1467.
[2]) Rudolphi, C. A. Entozoorum Synopsis. 1819. pag. 568.
[3]) Carus, C. G. Nov. Act. Natur. Cur. Vol. XVII. P. 1. 1835. pag. 87.
[4]) Wiegmanns Archiv für Naturgeschichte. Bd. I. pag. 344. 1835.

äussert, Gebilde von der Natur und Beschaffenheit des Leucochloridium als selbstständige Tiere mit Gattungsnamen zu belegen und in das System aufzunehmen, da dieselben doch nur vorübergehende, zu dem Entwicklungscyklus einer bestimmten **Tierart** gehörige Formen seien, welche sich dereinst aus dem System als eigene Arten verlieren müssten.

Diesen Auseinandersetzungen **Wiegmanns** pflichtet **Nordmann**[1] völlig bei und nimmt deshalb auch Anstand, das Leucochloridium als selbstständige Form in das Helminthensystem einzureihen.

Vollständiges Licht über die wahre Natur des eigentümlichen Schneckenparasiten und anschliessend daran über den Ort, wohin derselbe im System einzig und allein gehört, wurde durch **Steenstrups**[2] Untersuchungen verbreitet, die er in seiner epochemachenden Schrift über den Generationswechsel darlegte.

Darnach wird die Möglichkeit einer Urerzeugung, entgegen den Carus'schen Ansichten, mit Bestimmtheit in Abrede gestellt: der sonderbare Wurm Leucochloridium paradoxum ist vielmehr nichts anderes, als eine Amme, deren Inhalt aus einer Menge entwickelter Distomen, nicht aber aus Eiern besteht.

So grundlegend und einleuchtend aber die Steenstrup'schen Resultate waren, dauerte es doch immerhin noch einige Zeit, ehe sie zu allgemeiner Anerkennung gelangten.

Während in der Folge Dujardin[3] das Leucochloridium in gleicher Weise als Amme auffasst, und diesen »sac, contenant de jeunes trématodes analogues aux distomes«, im Anschluss an die K. E. v. Baer'sche[4] Bezeichnung der Keimkörner als sporae, mit dem Namen Sporocyste belegt, ist es Diesing[5], der, wie er überhaupt den Ergebnissen der neueren Trematodenforschung gegenüber eine längere Zeit hindurch eine ablehnende Haltung einzunehmen für gut fand, mit den Cerkarien auch dem Leucochloridium wiederum eine selbstständige Stellung einräumt und dasselbe in seinem Systema helminthum als Suborde I der Cerkarien aufführt. Erst später erkennt auch er die Zusammengehörigkeit von Distomen und Cerkarien an und gibt dieser Erkenntnis auch in seiner Revision der Cerkarien[6] Ausdruck.

Eine ebenfalls unrichtige Ansicht über den Bau der in dem Leucochloridiumschlauche enthaltenen Gebilde finden wir in Carl Vogts[7] Bildern aus dem Tierleben; derselbe beschreibt diese als Cerkarien mit blasenförmigem Schwanz, in den sich der Körper der Tiere zurückstülpt, so dass es aussieht, als ob dieser in einer Eihülle läge, eine Anschauung, die nicht unwahrscheinlicher Weise von den Finnen der Blasenwürmer herübergenommen ist. Dass dies völlig unzutreffend ist, dürfte sich wohl von selbst verstehen.

So war es erst v. Siebold[8] vorbehalten, die Frage nach der wahren Natur der Organisations- und Lebensverhältnisse des Leucochloridium ihrer endgültigen und richtigen Lösung entgegen zu führen. Durch thatsächliche Beobachtung stellt er zunächst fest, dass das gesamte Schlauchwerk des Parasiten mit der Leber der Schnecke in keinerlei organischem Zusammenhange steht, also auch wohl kaum aus demselben

---

[1] Nordmann; Lamark; Hist. nat. d. anim. s. vert. 1840. T. III. pag. 592.
[2] Steenstrup; Über den Generationswechsel oder die Fortpfl. etc. Copenhagen. 1845. pag. 105.
[3] Dujardin; Hist. nat. des helm. Paris 1845. pag. 479.
[4] K. E. v. Baer. Nov. Acta Acad. Nat. Cur. T. XIII. pag. 615. 1827. Vergleiche auch v. Siebold. Art. Parasiten in Wagner's Handwörterbuch der Physiologie.
[5] Diesing. Systema helminthum. Vindob. 1850—51. pag. 303.
[6] Diesing. Revision der Cerkarien. Wiener Sitzungsberichte. 1855. Bd. XV. pag. 377.
[7] C. Vogt. Bilder aus dem Tierleben. 1852. pag. 183 u. 191.
[8] von Siebold; Zeitschrift für wissenschftl. Zool. 1853. IV. Bd. pag. 425.

durch Urerzeugung hervorgegangen sein kann. Während er dann weiter in Bezug auf den feineren Bau der grossen Schläuche die Angaben der älteren Forscher im allgemeinen bestätigt, tritt er mit aller Entschiedenheit der Auffassung entgegen, welche in den Inhaltskörpern der Schläuche Eier erblickt. Nicht Eier sind diese Gebilde, sondern Keimkörper, wie sie bereits Steenstrup in den Ammen anderer Trematoden vorgefunden hatte, die sich durch Wachstum und Weiterentwicklung in die den Cerkarien entsprechenden Formen umwandeln. Gegen die Einatur jener Keimkörper sprechen auch die beiden thatsächlichen Gründe, dass einmal die von Carus als solche angesprochene Keimstätte weiter nichts ist, als eine Anhäufung weisser, körniger Pigmentzellen, und dass andernteils auch diese Pseudocier selbst weder mit einer der Eihülle entsprechenden Haut, noch mit Keimbläschen und Keimfleck ausgestattet sind. Im Laufe ihrer Weiterentwicklung, die von v. Siebold genauer verfolgt wird, legen sich nach und nach die verschiedenen Organe des Trematodenleibes an; den Schluss derselben bildet die Encystierung, nach v. Siebold ein reiner Häutungsprozess, bei dem die abgeworfene Haut aber nicht verloren geht, sondern als elastische, durch Flüssigkeit prall aufgetriebene Hülle den Körper auch weiterhin umgibt. Das Vorhandensein von geschwänzten, durch active Wanderung an den Ort ihrer Bestimmung gelangenden Cerkarien ist somit nicht für alle Trematoden charakteristisch; völlig richtig erkennt von Siebold in dem Leucochloridium eine Trematodenamme, deren Brut bis auf die Wanderung durch den Stiel nach den grossen Schläuchen passiv bleibt, während die Amme selbst durch ihre auffällige Färbung und Bewegung für die Weiterbeförderung ihrer Nachkommenschaft Sorge trägt. Die fertig gebildete Larve wird dem Distomum holostomum ähnlich, darum vermutet auch von Siebold den Wirt für den geschlechtsreifen Wurm unter den Vögeln, am wahrscheinlichsten unter den Ralliden. Fütterungsversuche an Fröschen ergaben ein negatives Resultat.

Anschliessend an die Untersuchungen von Siebolds beschäftigt sich auch Wagener[1]) mit dem Leucochloridium und spricht im Anschluss an dessen Mutmassungen geradezu das Distomum holostomum als Geschlechtsform desselben an.

Durch die umfassenderen Untersuchungen Zellers[2]) endlich werden die Vermutungen der früheren Forscher experimentell durch Fütterungs- und Zuchtversuche geprüft und zum Teil bestätigt.

Entgegen der Vermutung von Siebolds wurde constatiert, dass vor allem auch Singvögel die in Thätigkeit begriffenen Leucochloridiumschläuche begierig verzehrten, und dass im Darme namentlich junger Nestvögel die in den Schläuchen eingeschlossene Brut nach Verlauf von 6 Tagen sich zu geschlechtsreifen Individuen von Distomum macrostomum umbildete, ein Umstand, der Zeller bewog, das Distomum macrostomum mit dem auch sonst wenig von ihm unterschiedenen Distomum holostomum völlig zu identifizieren.

Die durch die Vögel ihrer Insassen beraubten Succineen gingen nicht nur nicht zu Grunde, sondern es entwickelten sich von dem in der Leber gelegenen Schlauchwerk in nicht allzu langer Zeit neue Schläuche, welche an die Stelle ihrer Vorgänger traten und deren Thätigkeit fortsetzten.

Somit erhalten wir durch die Zeller'sche Arbeit zum ersten Male eine wenigstens in der Hauptsache vollkommen abgeschlossene Kenntnis von dem Entwicklungscyklus des Wurmes, dem das Leucochloridium als Jugendform angehört; die weiteren Vermutungen, dass der aus dem reifen Distomumei hervorgehende

---

[1]) Wagener. Beiträge zur Entwickl. der Eingeweidew. Naturk. Verhandl. etc. 1857. pag. 107.
[2]) E. Zeller. Zeitschrift für wiss. Zool. 1874. Bd. 24. pag. 564—578.

Embryo auf irgend eine Weise wiederum in die Schnecke gelangen müsse, um da zu dem Leucochloridium auszuwachsen, ergab sich dann von selbst.

Mit Ausnahme einiger Referate über die Zeller'sche Arbeit sind nun bis heutigen Tages keine weiteren Mitteilungen erschienen, welche thatsächlich Neues zu dem bereits Bekannten hinzufügten.

Meine eigenen Untersuchungen nun, zu deren Darstellung ich jetzt übergehe, haben vor allem den Zweck gehabt, das bis jetzt Bekannte einer erneuten Kritik zum Teil mit Hülfe ausgebildeterer Untersuchungsmethoden zu unterwerfen, das bis jetzt nur Vermutete aber durch Experimente und Versuche zu begründen, und so unseren Parasiten auf seinem gesammten Lebenswege zu verfolgen. Wenn über einige Punkte hierbei die völlige Klarheit noch nicht erzielt werden konnte, so hat das seinen Grund in der zum Teil ausserordentlichen Kleinheit und Zartheit der Objecte, welche die Beobachtung allenthalben erschwerten, Lücken, die aber durch spätere Beobachtungen noch auszufüllen sein werden.

Bei der Darstellung werde ich im allgemeinen chronologisch vorgehen, d. h. nach einander zunächst das Leucochloridium, das geschlechtsreife Tier, darauf Embryonalentwicklung, Entstehung der Sporocyste und schliesslich Keimballenbildung behandeln.

Die gesammte Untersuchung nahm mit kleinen Unterbrechungen die Zeit vom November 1885 bis zum Dezember 1887 in Anspruch, nachdem Sommer und Herbst 1885 fast ausschliesslich zu biologischen Beobachtungen, sowie zur Beschaffung von Material verwendet worden waren. Letztere wurde zuerst so betrieben, dass möglichst viele Schnecken gesammelt und zu Hause die infizierten ausgesondert wurden; da bei diesem Verfahren jedoch die Gefahr nahe lag, durch zu starke Verminderung der Zahl der Succineen ein häufiges Fortbestehen des Parasiten in Frage zu stellen, so wurden später die Schnecken gleich an Ort und Stelle angesehen und nur die infizierten zurück behalten, ein Verfahren, welches zwar langwieriger war, bei einiger Übung aber immerhin genügende Resultate ergab.

Von den anfänglich eingesammelten Schnecken erwies sich unter ungefähr 500 Stück eine als mit Leucochloridium behaftet; auf einem kleinen sumpfigen Terrain, das nachmals von mir hauptsächlich als Jagdrevier benutzt wurde, fand sich dagegen schon unter 50—70 Individuen der Schnecke ein infiziertes Exemplar.

Es erübrigt nun noch, einiges über die von mir angewandten Methoden zu sagen; wohl von selbst versteht es sich, dass die Beobachtung intra vitam den ersten und hauptsächlichsten Platz einnahm; erst wo diese im Stiche liess, sowie zur Controle der auf diese Weise erlangten Resultate wurde zur Behandlung der Objecte mit Reagentien, sowie zur Conservierungs- und Schnittmethode geschritten.

Die Abtötung und Conservierung der Tiere geschah vermittelst einer kaltgesättigten Sublimatlösung von Stubentemperatur; nach ausgiebiger und sorgfältiger Auswässerung des Quecksilbersalzes wurden die Objecte in 96% Alkohol aufbewahrt. Die Färbung geschah vermittelst verschiedener Färbeflüssigkeiten; die besten Resultate hatte ich mit Hämatoxylin, sowie mit saurem Boraxkarmin, welches mit Säurealkohol ausgezogen wurde. Das Einbetten geschah nach der Entwässerung mittelst Alkohol, nach Überführung der Objecte durch Nelkenöl und Terpentin, zumeist in Paraffin.

Da die zarten Elemente unseres Tieres nach dem Schneiden jedoch nicht immer in einheitlich guter Weise erhalten wurden, so verwendete ich Celloidin zur Fixierung derselben. Ich brachte die Objecte dann aus dem absoluten Alkohol in ein Gemisch von gleichen Teilen Alkohol und Äther, darauf in reinen Äther und aus diesem in eine dickflüssige Lösung von Celloïdin in Äther. Nachdem dieselben hier mehrere Tage gelegen, überführte ich sie in Origanumöl und dann in Paraffin.

Die so eingeschmolzenen Objecte wurden jedoch, wahrscheinlich in Folge der Behandlung in der Wärme, so hart und spröde, dass ein Schneiden derselben unmöglich ausführbar war. Es wurden deshalb die Präparate in reinen Äther von dem 10—20 fachen Volumen zurückgeführt und so das Celloïdin bis auf wenige Reste völlig ausgezogen. Diese geringen Überbleibsel aber genügten, um ein Schrumpfen sowohl, wie ein Reissen der zarten Gewebselemente zu hindern und so recht brauchbare Bilder zu liefern.

Die Schnitte wurden zuerst nach der Giesbrecht'schen Schellackmethode auf dem Objectträger geordnet und befestigt; da man hier jedoch vor einem schliesslichen Davonschwimmen der Schnitte nie ganz sicher ist, so verwendete ich später mit recht gutem Erfolge das Mayer'sche Eiweissglycerin; dasselbe bot vor allem neben der absolut sicheren Wahrung der Lagerungsverhältnisse selbst der kleinsten Teilchen die Möglichkeit des Nachfärbens auf dem Objectträger.

Wenn übrigens gewisse Resultate mittelst einer besonderen Methode erlangt wurden, so wird dieses Verfahren an der betreffenden Stelle eingehend geschildert werden; es ist wohl kaum nötig, zu erwähnen, dass dies für die objective Beurteilung und Controllierung einer Arbeit und ihrer Resultate von entschiedenster Bedeutung ist.

Vorkommen und Verbreitung.

Das Vorkommen des Leucochloridium paradoxum ist unseren jetzigen Erfahrungen zu Folge an das Vorhandensein der Succinea amphibia gebunden: bis heutigen Tages wenigstens liegen keine Mitteilungen vor, dass eine andere Schneckenart als Träger unseres Parasiten beobachtet worden wäre; auch hat es mir trotz verschiedener Versuche nicht gelingen wollen, eine andere der bei uns häufig vorkommenden Gasteropodenarten künstlich mit Leucochloridium zu inficieren.

Keineswegs ist aber da, wo die Succinea vorkommt, überall auch das Leucochloridium zu Hause; im Gegenteil scheint dieses keine allzu weite Verbreitung zu haben. Eine weitere Existenzbedingung für dasselbe ist natürlicherweise auch das Vorkommen der betreffenden Vogelarten, welche die Träger des ausgebildeten Distomums sind: dies können andererseits wiederum nur solche sein, welche wie die Succinea in feuchten und sumpfigen Wäldern vorzugsweise ihren Aufenthalt haben. Nur an derartigen Stellen sind die Bedingungen für die Weiterentwicklung der Distomenbrut gegeben, ganz abgesehen davon, dass nur an dem Wohnort der Schnecke selbst die Infection der Vögel stattfinden kann. Es können nämlich, wie sich durch mehrfache Versuche ergeben hat, die Eier des Distomum macrostomum ein Eintrocknen nicht vertragen; in je höherem Maasse also an einem Orte die mit dem Kote der Vögel abgegangenen Eier der Eventualität des Austrocknens ausgesetzt sind, um so geringer wird für sie die Wahrscheinlichkeit sein, in lebens- und entwicklungsfähigem Zustande in die Schnecken übertragen zu werden.

In Folge dessen werden feuchte Laubwaldungen, wie sie vielfach die Niederungen von Flussthälern begleiten, die vorzüglichsten Fundorte des Leucochloridium sein, da sie einerseits den Schnecken passende Aufenthaltsorte, den Vögeln aber gute Nistplätze, sowie reichliche Nahrung gewähren, so dass hier Existenz- und Entwicklungsbedingungen für dasselbe in denkbar günstigstem Maasse zusammentreffen. Dass dies in der That der Fall ist, bestätigte sich vollkommen bei meinen Excursionen für Leipzig und seine Umgebung. Für die übrigen, bis jetzt bekannten Fundorte des Leucochloridium paradoxum scheinen die Verhältnisse ganz ähnlich zu liegen.

So hat Ahrens[1] die infizierte Succinea amphibia in der sumpfigen, mit Laubwald bestandenen Elsterniederung der Döllnitzer Aue bei Halle gefunden; unter gleichen Verhältnissen wurde sie Elsteraufwärts von mir bei Gaschwitz an den der Elster und Pleisse zufliessenden Gewässern beobachtet. Saaleabwärts war es Pieper[2], dem es gelang, bei Bernburg wiederholt infizierte Bernsteinschnecken aufzufinden. Im Elbgebiet traf sie Carus[3] auf einer Elbinsel bei Pillnitz; an der Oder fanden von Siebold und Hensel[4]) ihrer viele bei Breslau. Sodann hat man sie in neuerer Zeit auch in der Weichselniederung bei Danzig beobachtet[5], wo sie von Siebold früher vergeblich gesucht hatte.

Aus den gebirgigen Teilen Deutschlands, dem Süden und Westen, sind die Beobachtungen weit spärlicher. So hat man bei Würzburg das Leucochloridium gesucht, aber ohne Resultat, ebenso bei Erlangen und Freiburg im Breisgau. Dagegen verfügte Zeller[6] in Winnenthal in Württemberg über reiches Material, Leydig[7] fand es bei Bonn.

Aus alledem scheint hervorzugehen, dass, soweit unsere gegenwärtigen Kenntnisse reichen, das Leucochloridium zwar räumlich eine ziemlich ausgedehnte geographische Verbreitung besitzt, dass es aber immer nur an einzelne, mit ganz bestimmten Qualitäten ausgestattete und örtlich eng begrenzte Gebiete gebunden ist. Es scheint mir jedoch nicht zweifelhaft, dass bei genauerem und sorgfältigerem Nachsuchen dasselbe noch an manchen Orten entdeckt werden wird, an denen sein Vorkommen bis jetzt noch nicht constatiert ist. Freilich ist das Suchen des Leucochloridium, wenigstens in der Umgebung von Leipzig eine Aufgabe, zu deren Lösung ein gewisse Dosis Heroismus gehört. Neben vielen sehr interessanten und harmlosen Dingen beherbergen die zahlreichen Lachen und Tümpel der Niederung auch Tausende von Stechmückenlarven, die, so lange sie im Wasser sind, keinerlei üble Eigenschaften verraten, deren geflügelte Angehörige aber, dem genus Homo ohne Ansehen der Person blutige Feindschaft geschworen zu haben scheinen und dem friedlichen Spaziergänger in gleicher Weise wie dem strebsamen Forscher den Aufenthalt in ihrem Revier nach Kräften verleiden.

Über den Bau des Leucochloridium.

Wie bereits durch die früheren Untersuchungen festgestellt wurde (Carus[8]), setzt sich der gesammte Complex des Leucochloridium aus zwei Hauptteilen zusammen: das ursprüngliche, primäre an demselben

---
[1] Ahrens. l. c. pag. 293.
[2] Pieper. Wiegmanns Archiv für die Naturgeschichte. 1851. Bd. I. pag. 313.
[3] Carus. l. c. pag. 87.
[4] von Siebold. l. c. pag. 425.
[5] E. Schumann. Zur Kenntnis der Weichtiere Westpreussens. Naturforschende Ges. zu Danzig. N. F. VI. Bd. 4. Heft. pag. 8. Sep.-Abd. Der Parasit wird als Cristalislarve bestimmt.
[6] Zeller. l. c. pag. 564.
[7] Leydig. Berichte der niederrhein. naturf. Gesellsch. Bonn.
[8] cf. Einleitung. pag. 10.

ist das „Netzwerk feiner Fäden mit ästigen Enden", in dem die jungen Cerkarien ihren Ursprung nehmen; wenn die Keimlinge dann eine gewisse Grösse und Ausbildung erreicht haben, werden sie, um weiteren Keimproducten Platz zu machen, in besondere Reservoire oder Depots gebracht, Teile des Fadenwerkes, die in Folge dieser Anfüllung mit der Distomenbrut an Umfang nach und nach immer mehr zunehmen, und schliesslich in völlig fertig gebildetem Zustande die grossen, lebhaft gefärbten Schläuche darstellen, welche die älteren Beobachter allein von dem gesammten Leucochloridium kannten und nach denen das Ganze benannt wurde. Wir finden in Folge dessen an einer alten Sporocyste ausser einem oder mehreren ausgewachsenen und ausgefärbten Schläuchen auch eine Anzahl jüngerer auf verschiedenen Stadien der Füllung, deren Färbung ebenfalls alle möglichen Übergänge zeigt. (cf. Fig. 1.)

Was nun zunächst die eigentliche Keimstätte anlangt, so repräsentiert dieselbe eine mehr oder minder grosse Masse reich verzweigter Fäden, die wie die Äste eines Baumes von einem gemeinsamen Mittelpunkte aus ihren Ursprung nehmen und mit abgerundeten Spitzen endigen. Sie durchsetzen die Leber ihres Trägers nach allen Richtungen, so dass es so gut wie unmöglich ist, eine ältere Sporocyste in toto unverletzt aus derselben heraus zu präparieren. Diese Fäden besitzen eine durchschnittliche Dicke von 0,05—0,034, sind aber in ihrem Verlauf nicht überall gleich stark, sondern zeigen allenthalben Einschnürungen, vielfach auch seitliche buckelartige Auftreibungen, die später zu den Seitensprossen des Hauptfadens sich weiter entwickeln und eine reichere Entfaltung des gesammten Schlauchwerkes bedingen. Im Inneren sind diese Fäden hohl; sie sind mit einer lymphatischen Flüssigkeit gefüllt, in der die verschiedenen Stadien der Keimkörper frei suspendiert gefunden werden. Diese innere Höhlung setzt sich naturgemäss auch in die dem Netzwerk anhängenden Schläuche fort.

Einige der freien Enden des Sporocystenfadenwerkes wachsen etwas länger aus und erhalten an ihrer Spitze eine an Grösse immer mehr zunehmende Auftreibung, die nach hinten aber noch ganz allmählich bis zur normalen Dicke der Genistfäden abnimmt. Die grösseren unter diesen jungen Schläuchen zeigen bereits einen Beginn der späteren Färbung, doch scheint deren definitive Ausbildung erst von dem Zeitpunkt an einzutreten, wo die Schläuche bereits soweit mit Brut gefüllt sind, dass sie nach vorn in den Schneckenfühler einzutreten beginnen. Erst von dieser Zeit an datiert auch die eigentümliche rhythmische Bewegung der Schläuche, auf die wir weiter unten ausführlicher zurückkommen werden.

Die völlig ausgebildeten reifen Schläuche erinnern in ihrer ganzen äusseren Erscheinung augenfällig an gewisse Dipterenlarven, ein Umstand, der es erklärlich macht, dass die älteren Forscher im Unklaren über das Wesen derselben bleiben konnten. Sie besitzen einen cylindrischen, nach vorn sich etwas konisch zuspitzenden Leib von 1,5 mm Dicke und 10 mm durchschnittlicher Länge, der sich gegen den Communikationsschlauch, der diese mit der Sporocyste verbindet, ziemlich scharf absetzt. (cf. Fig. 1.)

Das eigentümlich geringelte, an die segmentierten Fliegenlarven erinnernde Aussehen der Schläuche ist nicht der Ausdruck einer inneren Gliederung, sondern wird lediglich bedingt durch die Färbung. Es finden sich nämlich auf der Schlauchoberfläche in ziemlich regelmässigen Abständen von einander pigmentierte Ringe von nur geringem Durchmesser, zu denen sich am Vorderteil des Schlauches zwei breite nach hinten noch durch eine Reihe schwarzer Punkte begrenzte Ringe von viel dunklerer Färbung gesellen. Die Spitze des ganzen ist dunkelbraunrot gefärbt und mit einer Anzahl mehr oder minder regelmässig gruppierter schwarzer, buckelartiger Erhebungen ausgestattet.

In weitaus den meisten Fällen nun ist das Pigment, welches die oben beschriebene ringförmige Zeichnung bedingt, lebhaft grün, nach hinten mehr in blasses Gelb abnehmend; in seltenen Fällen jedoch auch braun. Es kommt sogar vor, dass man in ein und derselben Schnecke sowohl grüne als braune Schläuche vorfindet; ich überzeugte mich aber dann, dass dieselben verschiedenen Sporocysten angehörten, so dass es scheint, als könne eine Sporocyste entweder nur grüne oder nur braune Schläuche bilden.

Unter gewöhnlichen Umständen findet man in den frei lebenden Schnecken nur einen oder zwei reife Schläuche entwickelt, die dann meist beide, seltener zusammen nur den einen der beiden Fühler erfüllen. Wenn jedoch für Entfernung der reifen Schläuche sich keine Gelegenheit findet, dann wächst deren Zahl bedeutend an; so habe ich mehreremale Schnecken gefunden, die bis zu 8 Schläuchen entwickelt zeigten, von denen dann je einer in jedem Fühler völlig ausgestreckt pulsierte, während die anderen auf jede mögliche Weise tastend und drückend so weit wie möglich nach vorn zu gelangen suchten. (cf. Fig. 2.)

Wie schon erwähnt, dienen diese grossen Schläuche gleichsam als Reservoire, in denen die jungen Distomen, deren Entstehung in den Fäden des Genistes ihren Anfang nahm, gesammelt und zu weiterer geeigneter Verwendung aufbewahrt werden. Bereits ehe der erste Schlauch mit der grösstmöglichen Anzahl junger Individuen gefüllt ist, hebt schon die Bildung und Füllung eines zweiten an. Gar nicht selten gelingt es übrigens, die jungen Larven auf ihrer Wanderung durch den Stiel zu ertappen; einmal fand ich deren sogar drei hinter einander in ein und demselben Stiele, ein Umstand, der einen weiteren Beweis für die rege Production in der Sporocyste abgibt.

Der junge grosse Schlauch beginnt dann zuerst an der Spitze, später immer weiter nach hinten zu anzuschwellen; zugleich dehnt und streckt er sich nach vorn zu, in einer Richtung, welche durch die von dem Ösophagus der Schnecke freigelassenen Teile der Leibeshöhle vorgezeichnet ist, und in der noch am meisten Raum für den immer mächtiger schwellenden Teil des Parasiten bleibt. Die ihrer völligen Ausbildung sich nähernden Schläuche dringen dann unter der Atemhöhle hin bis in die Fühler vor, und schieben dabei Bindegewebe und Muskulatur auf die Seite. Durch diese im Verhältnis immerhin kolossale Auftreibung wird die gesammte Fühlerwand natürlich ausserordentlich gedehnt und dadurch oft so dünn, namentlich wenn mehrere Schläuche in ein und denselben Fühler eingedrungen sind, dass diese von selbst reisst und die Insassen dann nach aussen hervortreten. Doch bleibt trotz dieser Dehnung und Schwächung die Muskulatur der Fühler immer noch stark genug, um bei einem vorkommenden Sichzurückziehen der Schnecke den Parasiten ohne weiteres mit dem Fühler zurückzuziehen.

Ich machte mir übrigens diese Beobachtung zu nutze, indem ich später, wenn ich frische Schläuche zur Untersuchung resp. Verfütterung brauchte, einfach die ausgestreckten und mit Insassen versehenen Fühler der Schnecken vorsichtig ausschnitt und mich so in den Besitz lebenden Materials setzte, ohne die Schnecke resp. ihren Parasiten opfern zu müssen; denn erstere regenerierte binnen kurzem den ihr zugefügten Schaden und der Parasit ersetzte den verloren gegangen Schlauch durch einen neuen.

Obgleich nun der auf diese Weise befreite Schlauch von dem Stiel, durch den er mit dem Geniste in Verbindung steht und durch den die junge Brut in ihn einwandert, abreisst, und trotzdem er mit derselben prall gefüllt ist, tritt sein Inhalt doch durch die Rissstelle des Stieles nicht nach aussen hervor, und zwar wird dies durch einen ganz besonderen Mechanismus verhindert. Wie wir schon oben bemerkten, setzt sich der grosse Schlauch an seinem Hinterende gegen den Stiel sehr scharf ab. An dieser Übergangsstelle findet sich im Inneren ein Polster eigentümlich gebauter Zellen vor, dessen genauere Bekanntschaft wir bei der Besprechung des histologischen Aufbaues des Leucochloridium machen werden; dasselbe scheint vor allem die Function eines elastischen Sicherheitsventiles zu haben, indem es nach dem Durchpassieren einer Larve sich sofort wieder schliesst und ein Zurücktreten des einmal in den grossen Schlauch gelangten Tieres unmöglich macht. Naturgemäss hat auch diese Abschnürung ihre besondere Bedeutung. Wäre die hintere Öffnung des Schlauches in beiden Richtungen in gleicher Weise durchlässig, so würde der ganze Inhalt desselben im Momente des Abreissens austreten und der fressende Vogel höchstens einen kleinen Teil der Brut in sich aufnehmen, die grösste Menge derselben somit für die Erhaltung der Art verloren gehen. Die Zahl der in einem Schlauch enthaltenen jungen Distomen ist natürlich nach dem Alter desselben sehr verschieden, bei alten und ausgewachsenen Individuen zählte ich deren in einem einzigen über 100.

Von dem Zeitpunkt an, wo der Schlauch unter der Atemhöhle der Schnecke hinweg nach vorn getreten ist, wo also der Schlussmechanismus gegen den Stiel hin sich völlig ausgebildet hat, beginnt auch die Bewegung desselben. Ist der Schlauch jung, so zeigt er eine von der Spitze nach der Basis sich fortpflanzende peristaltische, ist er älter, eine rhythmische Bewegung. Diese besteht in einem in regelmässigen Zeitabschnitten wiederkehrenden Zusammenziehen und Wiederausdehnen, so dass man das Ganze mit einem Pulsieren vergleichen kann. Dasselbe findet eigentlich nur in der Gegend der beiden vorderen, dunkel gefärbten Ringe statt: es verringert sich an dieser Stelle der Umfang ganz bedeutend, und die durch diese Contraction verdrängten Inhaltsmassen treten nach dem hinteren, nicht activ beteiligten Teile des Schlauches über, ohne aber in Folge des dort angebrachten Verschlussmechanismus in den Stiel und die Sporocyste zurücktreten zu können, so dass dessen Querschnitt sich etwas vergrössert. Lässt in dem darauf folgenden Momente die wirkende Kraft im Vorderteile nach, so tritt vermöge der Elastizitätsverhältnisse die verdrängte Masse wieder nach vorn, und der Schlauch erhält seine ursprüngliche Form zurück. Es tritt also bei diesen pulsierenden Bewegungen eine active Contraction der Längsrichtung fast gar nicht oder doch nur in untergeordnetem Maasse auf, eine Beobachtung, die man sehr gut an Schläuchen machen kann, die man aus der Schnecke befreit und auf einer Glasplatte oder dergleichen sich bewegen lässt. Die Geschwindigkeit, mit der diese Bewegungen erfolgen, ist eine wechselnde; im Sonnenlicht ist sie grösser als im Schatten. Zeller[1]) gibt für die Dauer einer Minute 90 Contractionen an. Diese Bewegungen werden von dem Schlauche selbst ausgelöst; daher mag es auch kommen, dass die Schläuche einer Sporocyste selten im Takte, ja, nicht selten nicht einmal im gleichen Rhythmus pulsieren.

Auch bei der Betrachtung des

histologischen Aufbaues des Leucochloridium

findet man zwischen dem Fadenwerk der eigentlichen Keimstätte und den ausgebildeten reifen Schläuchen derartige Verschiedenheiten vor, dass man ohne Kenntnis der Übergangsformen leicht versucht sein könnte, beide Teile für völlig von einander unabhängige und verschiedene Bildungen zu halten. Es wird sich deshalb auch hier empfehlen, erst den Aufbau der Fäden genauer abzuhandeln, um dann durch Vergleichung der Übergangsformen die abweichende Structur der grossen Schläuche verständlich zu machen.

---

[1]) Zeller. l. c. pag. 565.

Der ganze Parasit zeigt sich in der Schnecke eingehüllt von einer nicht sehr dicken faserigen Bindegewebslage, die nur aus den bindegewebigen Stützen der von demselben verdrängten Organe zu bestehen scheint und zugleich mit dem zunehmenden Schwellen des Schmarotzers an Mächtigkeit zunimmt. Einen aus zahlreichen Blutkörperchen gebildeten Paletot, wie ihn Biehringer[1]) von den Limnaeen um ihre Parasiten („Cercaria armata" herum abgeschieden vorfand, differenzieren die Succineen nicht.

Was nun unsere Sporocyste selbst anlangt, so besteht ihre Wandung aus einer Anzahl mehr oder minder scharf von einander getrennter, ursprünglich aber in allen Teilen ganz in gleicher Weise angelegter Schichten, die den inneren, mit einer serösen Flüssigkeit erfüllten Raum einschliessen.

Die äussere Grenze der Sporocyste wird von einer zarten Membran 0,001—0,002 mm) gebildet, die auf conservierten Präparaten doppelt contouriert, stark lichtbrechend und meist dunkel tingiert erscheint; stellenweise verdickt sie sich etwas, und man bemerkt dann an diesen Stellen flache kleine Kerne (0,003 mm) mit meist deutlich hervortretendem Kernkörperchen. Biehringer[2]), der zuerst das Vorhandensein von Kernen in der äusseren Bedeckung der Sporocysten nachwies, kommt durch theoretische Gründe zu dem Schluss, es müsse die in Rede stehende Haut die Epidermis der Ammen darstellen. Ziegler[3]) nennt die entsprechende Schicht der Cerkarien „Hautschicht", da sich die Art der Entstehung, sowie ihr definitives Aussehen nicht mit den Begriffen vertragen, welche wir gewöhnlich mit dem Worte Epidermis verbinden, und ihm schliesst sich Schwarze[4]) vollkommen an. Da die Verhältnisse, wie sie bei unserer Sporocyste auftreten, vollkommen mit den von diesen Forschern gefundenen übereinstimmen, werde auch ich aus denselben Gründen den Namen „Hautschicht" für diese äusserste Lage benutzen.

Auf diese Hautschicht folgt nach innen zu eine nicht gerade stark ausgebildete Muskellage, die überall aus feinen, mitunter mit den benachbarten anastomisierenden Fasern und Faserzügen sich zusammensetzt. Dieser Muskelschlauch besteht aus zwei getrennten Systemen, von denen das eine, äussere aus ringförmig um den Schlauch herumlaufenden, das innere aus solchen Fasern besteht, die in der Längsausdehnung der Oberfläche parallel laufen. Diese beiden Faserschichten liegen nicht unmittelbar unter einander, sondern sind durch eine helle, sehr feinkörnige und sich nur schwach färbende Substanzlage getrennt, in die sich nicht selten auch blasse Kerne (0,005 mm) eingelagert finden. Die Mächtigkeit dieser Schicht ist eine wechselnde; während sie bei ganz jungen, noch nicht lange Zeit gebildeten Proliferationen der Sporocyste die grösste Ausdehnung (im Mittel 0,008 mm) besitzt, reduziert sie sich mit dem zunehmenden Alter der Schläuche immer mehr, um schliesslich so weit zu schwinden, dass sie fast nicht mehr nachweisbar ist; bei den völlig reifen Leucochloridiumschläuchen dagegen tritt sie wieder auf und zwar zugleich in ganz charakteristischer Ausbildung, wie wir später sehen werden. (cf. Fig. 10, 11, 14.)

Unter dieser Muskellage findet sich endlich nach innen zu noch eine dritte Schicht von wechselnder Mächtigkeit, der es in Folge der allmählich erfolgenden Umbildung ihrer Elemente vor allem zuzuschreiben ist, dass Querschnitte durch verschiedene Altersstufen der Sporocystenfäden ein so abweichendes Bild dar-

---

[1]) Biehringer. Beiträge zur Anatomie und Entwicklungsgeschichte der Trematoden. Arbeiten aus d. zool.-zoot. Institut Würzburg. Bd. VII. pag. 12 d. Sep.-Abdr.
[2]) Biehringer. l. c. pag. 6. S.-A.
[3]) Ziegler. Bucephalus und Gasterostomum. Zeitschr. f. w. Zool. 1883, 39. Bd. pag. 547.
[4]) Schwarze. Die postembryonale Entwicklung der Trematoden. Zeitschr. f. w. Zool. 1885. 41. Bd. pag. 10. S.-A.

bieten. Es wird sich in Folge dessen am besten ein Einblick in den gegenseitigen Zusammenhang und die Beziehung der einzelnen Structuren zu einander gewinnen lassen, wenn wir dem Gewebe auf seinen Entwicklungsgange schrittweise folgen.

Zum besseren Verständnis des ganzen müssen wir hier in etwas vorgreifen und erwähnen, dass das Wachstum der jungen, eben nur hervorsprossenden Proliferationen nicht so erfolgt, dass etwa die Spitze zuerst gebildet und dann durch weiteres Wachsen von der Basis aus vorgeschoben wird, sondern dass ganz so, wie es z. B. bei den Pflanzenwurzeln der Fall ist, nur in der Nähe der Spitze das noch nicht differenzierte, proliferierende Gewebe zu suchen ist, und dass demnach die der Ursprungsstelle des sich bildenden Schlauches am nächsten gelegenen Gewebe zugleich die ältesten und am weitesten veränderten sind.

So treffen wir zunächst in dem blinden Ende eines wachsenden Schlauches unter der Muskelhülle eine ziemlich mächtige Lage von Zellen an, die für das Lumen im Inneren nur einen ganz unbedeutenden, spaltförmigen Raum übrig lassen. Diese Zellen scheinen in lebhafter Vermehrung begriffen, sie liegen ausserordentlich dicht gedrängt zu mehreren unregelmässig übereinander und sind in Folge des von den Seiten her wirkenden Druckes in der Längsrichtung nach dem Schlauchinneren zu am meisten ausgedehnt. Ihr Plasma ist körnig, der Kern gross und rund, deutlich sichtbar und mit ein oder zwei Kernkörperchen ausgestattet. Gegen das Lumen zu ist diese Zellenlage abgegrenzt durch eine feine, mitunter spärliche, flachgedrückte Kerne zeigende Haut, die Binnenmembran (cf. Fig. 9). Schon kurze Zeit später, d. h. also, nachdem die Spitze ein wenig über die in Rede stehende Stelle hinausgewachsen ist, hat vor allem der innere Hohlraum nicht unbedeutend an Weite zugenommen, indem die vorher in mehreren Lagen vorhandenen Wandzellen etwas auseinandergewichen sind und sich unter gleichzeitiger Abrundung in eine etwas geringere Zahl unregelmässiger Lagen gruppiert haben. Es beginnen auch schon jetzt vereinzelt, später in immer wachsender Anzahl, helle Räume aufzutreten, anscheinend dadurch veranlasst, dass das Protoplasma der betreffenden Zellen aufquillt und eine etwas andere optische und chemische Beschaffenheit annimmt. Es wird blass und trübe, verliert seine Färbbarkeit immer mehr und sammelt sich vor allem in dem oberen, nach dem Hohlraum des Schlauches zu gelegenen Ende der Zelle an, indem es zu gleicher Zeit dieses kugelförmig nach aussen hervortreibt. Ein immer mehr schwindender Rest unveränderten Protoplasmas, der zugleich den normal gebliebenen Kern enthält, bleibt im Grunde der so veränderten Zelle liegen. Wenn nun dieser Auflösungsprozess, denn als ein solcher ist die eben beschriebene Umwandlung wohl ohne Zweifel aufzufassen, auch den bei weitem grössten Teil der im Umkreis der Schlauchwand gelegenen Zellen ergreift, so finden wir doch immer noch eine gewisse Anzahl von Zellen, welche davon verschont bleiben. Diese unverändert den früheren embryonalen Typus bewahrenden Elemente liegen stets zu grösseren oder kleineren Nestern vereinigt, unregelmässig an der inneren Schlauchwand verteilt; sie zeigen sich anfangs in der Aufsicht unter einander noch verbunden durch ein Netzwerk von Strängen, die aus reihenweise gruppierten und ebenfalls ihren früheren Habitus unverändert beibehaltenden Zellen zusammengesetzt erscheinen; diese Brücken verschwinden jedoch ebenfalls nach kurzer Zeit. Die Binnenmembran zieht über alle diese Zellen noch continuirlich hinweg.

Im weiteren Verlaufe des Auflösungsprozesses scheinen nun die aufgequollenen Zellen zu platzen; sie entleeren ihren blassen Inhalt; während sie zusammenfallen, treten zugleich neue von unten her an ihre Stelle. Der nach und nach immer reichlicher entleerte Inhalt, der auf conservierten Präparaten, wie alle lymphatischen **Flüssigkeiten**, eine fein granulierte, trübe Masse darstellt, beginnt nun die Binnenmembran von den darunter gelegenen **Zellen** abzuheben und blasenartig vor sich herzutreiben. Da dieselbe aber an allen den oben erwähnten **Stellen**, wo **die** darunter liegenden Zellen sich unverändert erhalten, auch fest **an** denselben haften bleibt, so erhalten wir jetzt im Inneren des Schlauches einen unregelmässigen blasigen Belag, der ungefähr dasselbe Bild darbietet, wie es dicht an einanderstossende Luftblasen auf der Oberfläche einer dünnen Gummi- oder Eiweisslösung geben.

Schliesslich ist auch die aufgetriebene Binnenmembran nicht mehr im Stande, dem Drucke der immer mehr zunehmenden Flüssigkeit unter ihr zu widerstehen: sie platzt und das Umwandlungsproduct der früheren Wandzellen tritt jetzt, wahrscheinlich als Nährflüssigkeit für die junge Brut, in das Innere des Schlauches über. Die so ihrer Stütze beraubte Blasenhaut fällt nunmehr zusammen und legt sich dicht auf die ebenfalls mehr oder minder veränderten untersten Wandzellen, die nun in einfacher Lage den Innenraum des Sporocystenschlauches auskleiden: da inzwischen auch die Zellen, welche das oben beschriebene Netzwerk zusammensetzten, in das Niveau der übrigen Wandzellen herabgesunken sind, so erhalten wir jetzt als innere Auskleidung der Schlauchwand eine von einer Membran überzogene einfache Schicht von Zellen, in der nur von Zeit zu Zeit die ebenfalls oben erwähnten Inseln und Nester embryonal gebliebener Zellen auftreten, deren Bedeutung wir später kennen lernen werden. Die Elemente dieser am Ende der Umwandlung auftretenden einfachen Zellenlage zeigen unter sich nicht allenthalben die gleiche Beschaffenheit. Überragt schon in der Regel ihre Höhe um nichts oder doch nur um ein weniges den Durchmesser des Kernes, so kommen auch zahlreiche Stellen vor, wo die ganze Schicht fast vollkommen geschwunden erscheint, so stark haben sich die Elemente wahrscheinlich in Folge der Dehnung der Schlauchwand abgeplattet. Auch der Inhalt zeigt nicht überall gleiche Beschaffenheit: während das Protoplasma einzelner Zellen sich noch völlig normal zeigt, scheinen andere von dem früher besprochenen Degenerationsprozess befallen worden zu sein, ohne dass dieser jedoch zur Perfection gelangt ist; kurz, das ganze Gewebe macht einen mehr oder minder weit zerstörten, trümmerhaften Eindruck. Überhaupt geht auch der ganze Umbildungsprozess niemals in der Regelmässigkeit vor sich, wie wir ihn eben beschrieben haben: selbst an gleichalterigen Stellen finden wir ihn bald schneller, bald langsamer fortschreiten, so dass die Erkenntnis des ganzen Vorganges mit mannigfachen Schwierigkeiten verbunden war.

Dass während dieser Umwandlungsvorgänge der inneren Zellenlage auch die die Muskeln enthaltende äussere Substanzlage nahezu ganz geschwunden ist, wurde bereits früher hervorgehoben.

Was nun die vorhin erwähnten Nester und Inseln embryonal gebliebener Zellen anbelangt, so haben wir in ihnen die Ursprungsstätte der sogenannten **Keimballen** vor uns, die auf den verschiedensten Entwicklungsstufen die Innenräume des gesamten Schlauchwerkes erfüllen, jener Gebilde, die, auf ungeschlechtlichem Wege entstanden, sich allmählich zu den Distomenlarven umbilden und so den Ausgangspunkt einer neuen Descendenz darstellen. Es sind die wandständigen **Keimlager** unserer Sporocyste, meistens nicht sehr gross, auch nur selten scharf und bestimmt gegen den übrigen Wandbelag sowohl, **wie gegen die** unter ihnen liegende Substanzlage abgegrenzt. Nur in jüngeren Schläuchen, in denen die Differenzierung des Wandbelages noch nicht in dem Masse vorgeschritten ist, wie bei den älteren, heben sie sich durch ihr homogenes Aussehen und ihre etwas dunklere Färbung mehr von der Umgebung ab. In älteren Schläuchen dagegen sind sie nur daran erkennbar, dass das Protoplasma ihrer Zellen stark mit feinen Körnchen (wahrscheinlich

Reservestoffen) erfüllt ist, ein Umstand, der aber andererseits einen genaueren Einblick in ihre Structur nicht zulässt. In der Peripherie dieser Keimlager nun liegen die jungen Keimballen, welche sich meist erst durch eine besondere Membran, von der sie umgrenzt sind, als gesonderte Elemente zu erkennen geben. Etwas deutlicher treten sie hervor auf Präparaten, die mit Fette extrahierenden Flüssigkeiten behandelt sind; es zeigen sich dann neben diesen fertigen Ballen noch anderweitige mehr oder minder gesonderte Zellcomplexe, welche jüngere Zustände der fertigen, durch eine Membran allseitig abgeschlossenen Ballen darstellen. (cf. Fig. 13.)

Diese letzteren liegen alle peripherisch und treten bei ihrer ferneren Entwicklung immer mehr und mehr aus dem übrigen Keimlager heraus gegen die Binnenmembran vor, so dass sie zuletzt nur noch von dieser in der Nähe ihrer Ursprungsstelle festgehalten werden.

Es kann keinem Zweifel unterliegen, dass auch Biehringer[1]) diese Keimlager bei den von ihm beobachteten Sporocysten der Cercaria armata und macrocerca gesehen hat, wenn sie auch von ihm nicht als spezifisch ausgebildete Teile der Schlauchwand erkannt wurden; denn er fand bei Sporocysten von Cercaria macrocerca „die Keimkörner an der Peripherie eines körnigen einige Kerne enthaltenden Gerinnsels, welches dem innerhalb der Epithelzellen befindlichen vollständig glich. In einem anderen Falle schien von einer Stelle der seitlichen Wandung aus eine starke Zellwucherung stattzufinden, welche ebenfalls an ihrer Peripherie kleine Keimkörper aufwies". Dass diese Wucherungen den schon beschriebenen, mit Nahrungsmaterial stark erfüllten Keimlagern unserer Sporocyste vollkommen analoge Gebilde sind, glaube ich ohne weiteres annehmen zu können. Da nun Biehringer aber vorher bei jungen Sporocysten von den Kiemen von Cyclas beobachtet hatte, dass „eine Zelle an einer beliebigen Stelle des Epithels" sich teilt und einen Keimballen bilden kann, da er auch Zwischenstadien nicht untersuchte und „das Theoretisieren"[2]) hasst, so vermochte er natürlich nicht, beide Bildungsweisen mit einander in Einklang zu bringen.

Die undeutliche und wenig scharf markierte Abgrenzung der Keimlager gegen den angrenzenden inneren Wandbelag der Sporocyste, in Verbindung mit der bei zunehmendem Wachstum des Schlauches immer grösser werdenden Zerstreuung derselben macht es begreiflich, dass namentlich bei älteren Sporocysten ihre Auffindung und Erkennung lange Zeit nicht gelingen wollte; erst das Studium der Entwicklungsgeschichte konnte hierüber definitiven Aufschluss geben. Da ich nun erst gegen das Ende meiner Untersuchungen hin in der Lage war, auch die jungen Sporocysten des Distomum macrostomum untersuchen zu können, würde es mir wahrscheinlich sehr schwer gefallen sein, die Entstehung der Keimballen aus diesen wandständigen Keimlagern ausser Zweifel zu stellen, hätte ich nicht zufällig Gelegenheit gefunden, an einer noch nicht näher untersuchten, wahrscheinlich noch unbekannten Sporocyste aus der Leber von Limax agrestis die gleichen Verhältnisse klar und deutlich erweisen zu können. Weiter wurden diese Beobachtungen in überzeugender Weise bestätigt gefunden in Präparaten von den Sporocysten des Distomum hepaticum.

---

[1]) l. c. pag. 20 u. 22. Fig. 25—28.
[2]) Bem. „Denn mit blossem Theoretisieren ist man noch selten besonders weit gekommen." (pag. 23). Natürlich, denn es müssen für jede Speculation ja immer bestimmte, durch Beobachtungen festgestellte Grundlagen vorerst vorhanden sein, auf Grund deren theoretisirt werden kann; was ist demnach „blosses Theoretisieren?" — Oder meint Biehringer vielleicht, dass man durch blosses Beobachten und recht peinliches und ausführliches Beschreiben des Beobachteten „weiter" kommen wird? — „Laast uns auch diesmal doch nur die Mittelstrasse betreten."

die ich der Güte des Herrn Geheimrat Leuckart verdankte; es waren hier jedoch meist nur einzelne Keimzellen, welche der Wand noch auflagerten, während die übrigen aber in grösserer Mehrzahl frei in jenen befindlich waren.

Ich möchte hier übrigens hervorheben, dass ich völlig selbstständig und unbeeinflusst zu diesen Resultaten gelangte, da mir damals weder die Arbeit von Thomas[1]), noch die von Biehringer bekannt war. Bemerken will ich an dieser Stelle noch, dass es mir trotz eingehender Untersuchung nicht gelungen ist, bei unserer Sporocyste Spuren eines Excretionsgefässystems aufzufinden, wie solches bei anderen Sporocysten in einer den ausgewachsenen Plattwürmern ganz analogen Bildung aufgefunden worden ist. Weder von Gefässen noch von flimmernden Endtrichtern war das Vorhandensein zu constatieren.

Die Leibeshöhle der Sporocyste ist, wie schon einmal erwähnt, von einer serösen Flüssigkeit erfüllt, die zum Teil wahrscheinlich ein Product des Zerfalles der die Sporocyste im Inneren auskleidenden Wandzellen ist. Diese Nahrungsflüssigkeit ist von hellem, wässerig trüben Aussehen und führt neben vielen granulierten Körperchen 0,014 mm grosse Zellen mit hellem Plasma, in dem ein 0,008 mm grosser, durchsichtiger Kern mit starkcontouriertem Kernkörperchen liegt. Sie sind amöboid beweglich, bewegen sich aber bei gewöhnlicher Temperatur auf dem Objectträger nur langsam, lebhafter dagegen, sofern man den Objecttisch auf mehr als 20° Cels. erwärmt. Auf Schnittpräparaten sind sie leicht nachzuweisen: es zeigt sich hier der Kern homogen hell, das Plasma intensiv dunkel gefärbt. Eine Vermehrung derselben scheint durch Teilung zu erfolgen; wenigstens konnte ich wiederholt lebende Exemplare mit vier Kernen beobachten. Über die Natur dieser zelligen Gebilde (cf. Fig. 17) vermag ich bestimmtes nicht anzugeben.

Trabekeln, welche die Leibeshöhle von einer Wand zur anderen gehend durchziehen, wie sie Thomas[2]) und andere bei ihren Untersuchungsobjecten beobachteten, finden sich bei unserem Tiere nicht.

Was nun die grossen, beweglichen Schläuche anlangt, so haben wir in ihren Wandungen naturgemäss, da sie ja nur in besonderer Mächtigkeit entwickelte Sporocystenschläuche sind, dieselben histologischen Bestandteile vor uns, wie wir sie auch in den Sporocystenwandungen fanden, nur dass in Folge der lebhaften Färbung und Beweglichkeit teils neue Elemente hinzugetreten, die früher nicht vorhanden waren, teils aber die alten einer progressiven oder regressiven Metamorphose anheim gefallen sind.

Die äussere Bedeckung der grossen Schläuche bildet die directe Fortsetzung der Sporocystenhaut als eine Schicht von cuticulaartigem Aussehen, die sich durch Druck leicht von der unterliegenden Wand ablöst und so leicht studiert werden kann. Sie erscheint doppelt contouriert und stark lichtbrechend; ein zelliger Bau ist in ihr nicht wahrnehmbar, höchstens sind bei noch nicht völlig ausgewachsenen Schläuchen noch Kerne aufzufinden.

Unter dieser Hautschicht liegt die Körpermuskulatur, die sich ebenfalls aus einer Ring- und Längsfaserlage zusammengesetzt, und namentlich im vorderen Teil des Schlauches, den wir bereits früher vorzugsweise als den Sitz der pulsierenden Bewegung kennen lernten, eine ganz enorme und exquisite Entwicklung erreicht. Beide Muskellagen treten nicht mehr als einzelne Fasern auf, sondern gruppieren sich

---

[1]) Thomas. The Life History of the Liver-fluke. (Fasciola hep.) Quarterly Journal of Micr. Science 1883. Vol. 23. pag. 99—134.
[2]) l. c. pag. 124.

zu Bündeln von grösserer oder geringerer Stärke, die in wechselnder Entfernung einander parallel laufen und nicht selten mit den benachbarten Bündeln einen Austausch einzelner Fibrillen bewirken.

Ganz augenfällig tritt dies bei der Ringmuskulatur hervor. Während dieselbe im Stiel und dem unteren Teil des Schlauches sich nicht über eine Stärke von 0,010 mm hinaus erhebt, erreicht sie im vorderen Schlauchende eine ganz gewaltige Entwicklung. Sie stellt hier nicht mehr eine einfache Faserlage dar, sondern eine Anzahl starker und breiter Ringe vielfach neben- und übereinander liegender Muskelzüge. Zum Teil verlaufen dieselben als einheitliche Schicht, die der cylindrischen Oberfläche des Schlauches im grossen und ganzen parallel liegt und bei einer Stärke der einzelnen Fasern bis zu 0,004 mm eine Mächtigkeit von ungefähr 0,04 mm erreicht. An den Stellen jedoch, wo die buckelartigen Auftreibungen vorhanden sind, spaltet sich diese Ringfaserschicht in eine schwächere innere und eine stärkere äussere Lage, von denen die letztere in einer Fläche verläuft, welche der äusseren Oberfläche des Buckels parallel geht, während die innere ihr ursprüngliches Verhalten beibehält. Es entsteht so unter diesen Erhebungen jedesmal ein Hohlraum zwischen den Faserlagen, der mit einer Gewebsmasse gefüllt ist, die wir weiter unten kennen lernen werden.

Die Zwischenräume, welche die einzelnen Ringfaserbündel zwischen sich lassen, werden da, wo äusserlich die breiten dunkel gefärbten Ringe vorhanden sind, ausgefüllt von einer Unzahl kleiner Pigmentzellen (0,006 mm), die so stark mit kleinen oder gröberen Pigmentkörnchen von grüner Farbe erfüllt sind, dass der Kern in ihnen nicht mehr sichtbar ist. In den Buckeln selbst, die durch ihre fast schwarze Farbe sich noch mehr hervorheben, ist die Pigmentmetamorphose des Zelleninhaltes womöglich in noch stärkerem Masse aufgetreten: die Färbung ist hier dunkel schwarzbraun.

Die Längsmuskulatur bleibt hinter dieser Ringmuskulatur bedeutend an Stärke zurück; es treten hier höchstens 10 Fasern (je 0,004 mm) zu einem Bündel zusammen; doch werden diese letzteren auch hier breiter und kräftiger im vorderen Teil des Schlauches, über dessen Spitze sie in fast doppelter Breite hinziehen, um auf der anderen Seite wieder nach hinten zurückzulaufen.

Während nun in dem vorderen Teile der grossen Schläuche diese beiden Muskellagen dicht über einander hinziehen und keinerlei Zwischensubstanz zwischen sich nehmen, tritt am Schluss des ersten Körperdrittels zwischen beiden eine Gewebslage auf, die von da ab bis an das Hinterende in gleicher Mächtigkeit vorhanden bleibt. Es ist dies die schon früher, bei Besprechung der histologischen Zusammensetzung der jungen Sporocyste erwähnte, blasse Substanzlage mit eingelagerten Kernen, die später allmählich verschwindet und erst in diesen grossen Schläuchen wieder auftritt.

Bei zwar noch nicht völlig erwachsenen, aber schon durch einen Stiel gegen die Sporocyste abgesetzten Schläuchen treffen wir sie noch ganz in der oben beschriebenen Art und Weise entwickelt an; mit der zunehmenden Ausbildung der Schläuche jedoch treten in derselben Umwandlungen auf, die dem früher mehr gleichartigen und indifferenten Gewebe ein Aussehen geben ganz ähnlich dem, wie es das Körperparenchym der ausgebildeten Distomen aufweist. Es treten in der homogenen Grundmasse nach und nach immer zahlreicher grosse blasse Zellen auf, welche die letztere immer mehr verdrängen und die Dicke des gesammten Gewebes nicht unbeträchtlich erhöhen. Auf Flächenschnitten kann man dann am besten die Zusammensetzung desselben, sowie dessen Ähnlichkeit mit der Grundmasse des Distomenkörpers erkennen.

In den Zwischenräumen, welche die grossen hellen Zellen zwischen sich lassen, finden sich vielfach verästelte kleinere, aber mit Farbflüssigkeiten dunkler sich tingierende Elemente vor.

Ob aber dieses neu entstandene Gewebe lediglich ein Umwandlungsproduct der ursprünglich vorhandenen gewesenen, indifferenten Substanzlage ist, oder ob an der Bildung desselben noch andere, neu hinzugetretene Elemente sich betheiligt haben, muss ich unentschieden lassen.

Auch der innere Wandbelag, den wir bei den jungen wachsenden Schläuchen des Fadenwerkes der Sporocyste vorfanden, erstreckt sich in die grossen und abgeschnürten Schläuche hinein. Er bewahrt hier noch eine längere Zeit völlig seinen indifferenten Character und kleidet dieselben in ganzer Ausdehnung in fast gleicher Mächtigkeit ringsherum aus. Doch behält auch dieses Gewebe während der definitiven Ausbildung des Schlauches seinen früheren Habitus nicht bei, sondern es erfahren alle oder nur einzelne seiner Bestandteile Umbildungen in verschiedener Weise, in Folge deren auch hier wieder das vordere Schlauchdrittel ein anderes Aussehen erhält als die beiden hinteren.

Was zunächst das erstere anlangt, so sieht man bald in der hier 9—10 schichtigen Lage indifferenter Zellen um einzelne Kerne herum blasse, helle Hohlräume auftreten, die nach der Oberfläche des Schlauches zu sich lang ausziehen und durch Auseinanderweichen der benachbarten Zellen entstanden zu sein scheinen. Später gewahrt man jedoch, dass diese scheinbaren Hohlräume nichts anderes sind, als das etwas gequollene und blass gewordene Zellprotoplasma, das noch allseitig von einer deutlichen, sich auch auf den Ausführungsgang fortsetzenden Membran umgeben ist, während der Zellkern nur wenig verändert dem Hinterende der Zelle genähert liegen geblieben ist. Diesen ersten so veränderten Zellen folgen bald alle übrigen nach und wir sehen dann aus dem ursprünglichen Wandbelag eine Anhäufung äusserst zahlreicher, flaschenförmiger Drüsenzellen hervorgehen, welche ihr Secret nach aussen ergiessen und namentlich da, wo an der Aussenfläche die Buckel hervorragen, so dicht gedrängt stehen, dass sie ebenfalls buckelförmig in den Innenraum des Schlauches hineinragen. Auch die bereits oben erwähnten Zwischenräume zwischen den auseinanderweichenden Ringfaserzügen werden von diesen Drüsenmassen erfüllt. (cf. Fig. 16.)

Während nun in dem vorderen Drittteile des Schlauches der gesammte Wandbelag in der eben beschriebenen Weise einer Umbildung zu Drüsenzellen anheimfällt, ist in den hinteren Dritteln der Metamorphosierungsprozess nicht ein so einheitlicher, indem neben den flaschenförmigen Zellen auch Pigmentzellen gebildet werden und das übrig bleibende Gewebe eine Structur annimmt völlig gleich der, welche das zwischen den beiden Muskelschichten gelegene aufweist. Wie schon aus dem soeben Gesagten ersichtlich, können dann auch in diesen Körperabschnitte die Drüsenzellen, obwohl sie vorhanden sind, doch bei weitem nicht die Mächtigkeit und die bedeutende Anzahl der im Vorderteile gelegenen erreichen; sie treten nach hinten zu immer spärlicher auf und verschwinden zuletzt ganz. Diese Anhäufung der Drüsenzellen namentlich an jenen Stellen des Schlauchkörpers, an denen vorzugsweise die Bewegung stattfindet, scheint darauf hinzudeuten, dass das nach aussen ergossene Secret derselben wahrscheinlich dazu dient, den Parasiten sowohl, wie namentlich die umgebenden Weichteile des Schneckenfühlers vor den verderblichen Einflüssen der starken Reibung in etwas zu schützen.

Neben diesen Drüsenelementen finden sich in dem hinteren Schlauchabschnitte weiter Pigmentzellen vor, die bedeutend grösser sind, als die zwischen den Ringmuskeln gelegenen. Sie scheinen membranlos zu sein, besitzen einen Durchmesser von 0,015—0,02 mm, einen Kern von 0,006 mm und ein Kernkörperchen.

Die in ihnen enthaltenen Pigmentkörnchen von grüner oder brauner Farbe sind niemals so dicht abgelagert, dass sie, wie in den mehrfach erwähnten kleineren Pigmentzellen, den Kern der Zelle völlig verdecken, und finden sich gewöhnlich an der Peripherie der Zelle am dichtesten angehäuft, während sie nach der Mitte zu dünner gelagert sind, ein Verhalten, das sie in gewisser Beziehung den Dotterzellen ähnlich erscheinen lässt. Nicht unerwähnt möchte ich hier lassen, dass dies grüne Pigment in Alkohol ziemlich schnell verblasst.

Die ganze übrige, nicht in Drüsenzellen und nicht in Pigment verwandelte Masse des ursprünglichen Wandbelags nimmt während derselben Zeit die Structur des zwischen den beiden Muskellagen befindlichen Gewebes an, so dass beide Bildungen dann eine scheinbare Einheit darstellen. Ausschliesslich diese Ausbildung, ohne jede Einlagerung, weder von Drüsen, noch von Pigment, besitzt die Wandschicht an der Übergangsstelle in den Stiel, wo sie allein es ist, die den schon früher erwähnten Verschluss des Schlauches gegen die Keimstätte hin bewirkt. Wir finden hier in mächtiger Ausbildung die grossen, hellen, mit deutlichem Kern und Kernkörperchen versehenen Zellen, die in das Netzwerk der kleineren verästelten Zellen eingelagert sind und durch ihre beträchtliche Volumenzunahme die ganze Gewebslage so verdickt haben, dass unter gewöhnlichen Umständen das Lumen ganz verschwindet und nur dann sichtbar wird, wenn eine Larve durch dasselbe ihren Weg nimmt.

Gegen den inneren Hohlraum zeigt sich die Sporocystenwand, deren histologischen Aufbau wir soeben genauer besprochen haben, durch eine einfache Zellenlage abgegrenzt, deren Dicke von der Spitze aus nach dem Stiel zu von 0,006 auf 0,0005 mm abnimmt; während sie vorn aus deutlichen, 0,006 mm dicken, auf Flächenschnitten als Platten erscheinenden Zellen mit grossen Kernen (0,004 mm) besteht, stellt sie im Stiel nur noch eine doppelt contourierte Membran dar, aus der sich einzelne flache Kerne herauswölben. Sie hat also hier schon ganz das Aussehen, wie die Binnenmembran der Sporocyste, in die sie auch ohne deutliche Abgrenzung übergeht. In gleicher Weise, wie die Sporocyste, ist auch der Schlauch mit der hellen lymphatischen Flüssigkeit erfüllt, in der sich jedoch fast durchgängig nur erwachsene, von einer doppelten Hülle bedeckte Larven vorfinden.

Was nun diese letzteren anbelangt, so weisen dieselben schon jetzt vollkommen den Bau der aus ihnen hervorgehenden Distomen auf; es sind meist regelmässig ovale Gebilde (0,8 mm lang, 0,5 mm breit, 0,3 mm dick) mit hellem, durchscheinenden Körperparenchym, in dem die Lagerung der Organe darum leicht zu constatieren ist.

Die Tiere sind, wie schon Carus gesehen, echte Distomen: Die Saugnäpfe, nahezu gleich gross (0,18 mm), treten scharf hervor; an den Mundsaugnapf setzt sich der kugelige Pharynx an, der fast unmittelbar in die zwei Darmschenkel übergeht. Diese letzteren verlaufen zuerst wagerecht gegen die Körperwand hin, biegen dann um und ziehen nach dem hinteren Körperende, in dessen Nähe sie endigen.

Die Excretionsgefässe mit ihren zahlreichen Windungen scheinen in ihrem ganzen Verlauf klar und deutlich durch die Körpermasse hindurch. Sie zeigen sich schon völlig so entwickelt, wie sie beim ausgebildeten Tiere gefunden werden und sollen dort eine eingehendere Beschreibung finden.

Unterhalb des Bauchsaugnapfes liegen die Genitalorgane, welche jetzt noch einen verhältnismässig sehr kleinen Teil des Tierkörpers einnehmen. Man unterscheidet gewöhnlich vier kugelige Gebilde, von denen zwei die Anlage der Hoden, eines die des Ovariums und eines die der Schaalendrüse darstellt. Am Ende des Körpers liegen die Geschlechtsöffnungen, vor denselben die ebenfalls als dunklerer, compacter

Zellencomplex sich darstellende Anlage des Cirrusbeutels mit dem Penis, und der Vagina. Die Ausführungswege der Geschlechtsdrüsen sind als solide Zellstränge ebenfalls nachweisbar, wenn auch selten sehr deutlich zu erkennen (cf. Fig. 5—7).

Die Larve ist als völlig ausgewachsen anzusehen, wenn sie von einer doppelten, äusseren und inneren Haut umschlossen ist. Diese Hüllen erscheinen im Jugendzustande bei auffallendem Lichte bläulich-, im Alter gelblich-milchweiss; die von ihnen eingeschlossenen Hohlräume sind von einer wässerigen Flüssigkeit erfüllt; in derjenigen, welche den zwischen dem Körper und der inneren Haut befindlichen Zwischenraum ausfüllt, finden sich ausserdem noch mehr oder minder zahlreiche, feine körnige Abscheidungsproducte des Tieres, die, wie man leicht beobachten kann, aus dem Excretionsporus hervorgestossen werden. Öfter finden sich diese Körnchen nach der mittleren Haut zu in grösserer Menge angehäuft als an der eigentlichen Körperwand der Larve (cf. Fig. 5). Sie erhöhen dann, im Verein mit den zwischen der ersten und zweiten Haut auftretenden concentrischen Streifungen den Eindruck, als ob wir es hier mit einer einzigen nur bedeutend verdickten Haut zu thun hätten (von Siebold). Dass dem nicht so ist, lehrt die Entwicklungsgeschichte der Larve, resp. die Entstehung dieser beiden Häute.

Der geschlechtsreife Wurm.

I. Fütterungs- und Zuchtversuche.

Um die in den reifen Schläuchen des Leucochloridium enthaltenen jungen Würmer zur vollen Geschlechtsreife heranwachsen zu lassen, war es nötig, sie in den Darm geeigneter Träger überzuführen. Es wurden zu diesem Zwecke die Schläuche auf die bereits früher geschilderte Weise den Schnecken entnommen und an Vögel verfüttert; in selteneren Fällen gab ich auch ganze, mit Parasiten behaftete Schnecken ein. Von den Vögeln konnten, wie bereits angedeutet, nur solche in Betracht gezogen werden, die Insekten und ihre Larven, eventuell auch Succineen als Nahrung geniessen. Ich versuchte es zunächst mit älteren Tieren, die am leichtesten zu beschaffen waren; doch schlugen bis auf einen einzigen mit Sitta europaea alle diese Versuche fehl, obwohl die Fütterung zu wiederholten Malen vorgenommen worden war. Auffallend musste es ausserdem erscheinen, dass die Vögel fast durchgängig kurze Zeit nach der Fütterung an Darmentzündung zu Grunde gingen; ob in Folge der Infection, konnte ich nicht constatieren; doch scheint mir dies weniger wahrscheinlich, da ich kurz nach der Fütterung zahlreiche freie und ihrer Hüllen entledigte, sonst aber anscheinend nicht weiter entwickelte Würmer abgestorben in den Excrementen der Versuchstiere vorfand. Die zu diesen ersten Versuchen benutzten Vögel gehörten den folgenden Arten an: Turdus musicus und merula, Sitta europaea, Motacilla alba, Parus coeruleus, major und ater, Sylvia cinerea, Luscinia rubicula, Ruticilla tithys, sowie Coturnix dactylisonans; Passer montanus und domesticus.

Gern hätte ich auch, um von Siebold's[1] Vermutung zu prüfen, mit Ralliden Versuche angestellt; allein trotz der grössten Mühe, die ich mir gab, konnte ich nicht in den Besitz eines dieser Vögel gelangen. Wahrscheinlich würde aber auch hier das Resultat ein negatives gewesen sein.

Belehrt durch diese Misserfolge, sowie beeinflusst durch die Zeller'schen[2] Fütterungsversuche, wendete ich im Frühjahr 1886 mein Augenmerk vorzüglich auf die Erlangung von möglichst jungen Vögeln. Die Herbeischaffung derselben war zum Teil mit rechten Schwierigkeiten verbunden. In Folge der mitunter sehr grossen Entfernungen war ich ausserdem meist genötigt, die ganzen Nester mit mir zu nehmen und die Jungen selbst zu füttern, ein Verfahren, welches vielfach Einbussen durch den Tod der Versuchstiere

[1] l. c. pag.
[2] l. c. pag 571 u. 572.

mit sich brachte. Erst als ich erkannt hatte, dass die Vögel sich um so besser hielten, je jünger sie dem Nest entnommen und je öfter sie tagsüber mit Wenigem gefüttert wurden, verminderten sich diese Verluste in vorteilhafter Weise. Wo es jedoch irgend anging, wurde die Fütterung an Ort und Stelle im Nest vorgenommen, die Jungen dort belassen und überwacht.

Auf diese Weise versuchte ich es mit Turdus musicus und merula, Luscinia rubicola, Ruticilla tithys, Phyllopneuste sylvicola, Sylvia garrula und cinerea, Calamoherpe pratensis und Passer domesticus. Letzterer stellte das Hauptcontingent der Versuchstiere, da die Dachrinnen des Instituts, sowie die Staarkästen im Garten des Herrn Professor Fraisse reichlich und ausdauernd von ihm als Brutstätte benutzt wurden. Auch erwiesen sich die Spatzen im Laufe der Untersuchungen als ganz brauchbar, da von ihnen ungefähr jeder zweite die Würmer wenigstens bis zur Geschlechtsreife gross zog. Als die eigentlichen und natürlichen Träger des geschlechtsreifen Distomum macrostomum möchte ich aber meinen Erfahrungen zufolge die Sylvien in Anspruch nehmen. Von einem Neste Phyllopneuste sylvicola nämlich, welches ich dem Orte entnommen, an welchem ich im Sommer 1886 die meisten infizierten Succineen gefunden, hatten alle drei Individuen nach je zweimaliger Fütterung die ganze Kloake mit Distomen besetzt, d. h. jedes Tier gegen 70—80 Stück. Einen gleich schönen Erfolg, wie mit Phyllopneuste, hatte ich im folgenden Jahre mit je einem Neste von Sylvia garrula und cinerea. Völlig resultatlos dagegen blieben auch hier wieder die Versuche mit den grossen Turdiden. Ein weiterer Versuch, ihnen noch lebende, aber nicht ganz geschlechtsreife Distomen aus dem Darme von einige Tage nach der Fütterung gestorbenen Vögeln durch den After gleich an den definitiven Sitz, in die Kloake einzuspritzen, lieferte auch keinen Erfolg.

Ob nun eine solche Fütterung gelungen ist oder nicht, dass lässt sich natürlicherweise an den Versuchstieren während des Lebens nicht sogleich constatieren, denn der Einfluss der sich entwickelnden Parasiten auf den Wirt ist bei ihrer Kleinheit jedenfalls kein allzugrosser. Das einzig sichere Kennzeichen ist das Vorhandensein der reifen Distomeneier in den Abgängen der Vögel. Es wurde bereits früher erwähnt, dass das Distomum macrostomum in der Kloake seinen Sitz hat; es finden sich infolge dessen auch die von demselben produzierten Eier nicht in den Fäces selbst, sondern nur in der dieselben umhüllenden Harnschicht vor. Um also die Anwesenheit reifer Parasiten zu constatieren, ohne die Vögel unnötiger Weise töten zu müssen, brauchten nur die Abgänge derselben aufgefangen und die mit Wasser abgespülte Harnschicht auf Eier untersucht zu werden. Es ist diese Untersuchung der Kleinheit der Eier wegen nicht so einfach; auch muss sie, da die Eier nicht in grossen Mengen und schnell hintereinander zur Ablage gelangen, öfters wiederholt werden, wenn anders das Resultat kein trügerisches sein soll. Die auf diese Weise als inficiert erkannten Vögel wurden dann getötet und ihre Parasiten zu weiteren Untersuchungen benutzt.

2. Die Umbildung der Larve zum geschlechtsreifen Distomum macrostomum.

Während in dem Vogelmagen der Leucochloridiumschlauch mit seinen weichen muskulösen Wandungen ohne Verzug der Einwirkung der Magensäfte zum Opfer fällt, sind die in demselben enthaltenen jungen Würmer mit ihren resistenzfähigen doppelten Cuticularhüllen weit besser in der Lage, den Angriffen dieser

Säfte erfolgreichen Widerstand leisten und den Magen ihrer Träger unversehrt passieren zu können. Freilich geht die Cuticularhülle auf diesem Wege verloren, aber sie hat dann auch ihren Zweck erfüllt und ist entbehrlich geworden. Man trifft so wenige Stunden nach der Fütterung schon die jungen Würmer ihrer Hüllen entledigt, im Darme an, dessen ganze Länge sie in ziemlich kurzer Zeit durchwandern, so dass sie schon am zweiten Tage nach der Fütterung in die Kloake gelangen, wo sie ihren definitiven Aufenthalt nehmen. Sie sind dann schon beträchtlich gewachsen, vor allem aber sind es die Geschlechtsorgane und von diesen besonders die Geschlechtsdrüsen, welche ansehnlich in ihrer Entwicklung vorgeschritten sind, während gleichzeitig die Erzeugung der Geschlechtsstoffe ihren Anfang genommen hat. Obgleich die topographischen Verhältnisse des gesamten Geschlechtsapparates, sowie die gegenseitigen Beziehungen seiner einzelnen Teile zu einander erst an späterer Stelle einer eingehenderen Betrachtung unterzogen werden sollen, so mögen doch die Veränderungen, welche bis zum Eintritt der Geschlechtsreife an den Elementen der Keimdrüsen Platz greifen, hier ihre spezielle Beschreibung finden.

Zuerst macht sich dieser Umwandlungsprozess der Elemente in den centralen und denjenigen Teilen der Geschlechtsdrüsen geltend, welche dem Ausführungsgange am nächsten gelegen sind. In ziemlich kurzer Zeit, meist schon am 4. Tage nach der Übertragung in einen geeigneten Träger, sind die ersten Geschlechtsproducte zur Reife gelangt, so dass man von jetzt ab alle einzelnen Stadien der Entwicklung der Zeugungsstoffe neben einander in einem Präparate zur Anschauung bekommen kann. Was nun zunächst die Hoden anbelangt, so sind diese an dem erwähnten Tage äusserlich von 0,075:0,045 auf 0,125:0,095 mm angewachsen und enthalten die ersten reifen Spermatogemmen. Die Bildung geschieht hier ganz nach der bereits von Schwarze[1] beschriebenen Art, durch Auflösung des Nukleolus mit darauffolgendem Auftreten feiner Chromatinkörner an der Peripherie des Kernes; darauf zerfällt dieser in eine grössere Anzahl Teilstücke, die sich peripherisch anordnen und schliesslich zur Bildung des Spermatozoenköpfchen führen, ein Modus also, der eine allgemeinere Geltung zu haben scheint. Auch die Bildung des Cirrus und seines Beutels hat unterdessen weitere Fortschritte gemacht; das Lumen ist fertig, der Penis durch eine Membran bestimmt nach aussen abgegrenzt.

Das Ovarium hat während derselben Zeit eine Volumenvergrösserung von 0,072:0,048 auf 0,1:0,075 mm erfahren; die Reifung seiner Elemente macht sich hauptsächlich nur in einer Grössenzunahme der Eizellen bemerkbar, vor allem in einer beträchtlichen Vermehrung des Protoplasmas. Die Zellen der Schalendrüse haben einen deutlicher drüsenartigen Habitus angenommen und sich wahrscheinlich infolge Vermehrung und grösseren gegenseitigen Druckes in die Länge gezogen. Auch die Dotterstöcke haben bis zum vierten Tage nach der Übertragung fast völlige Ausbildung erlangt, obgleich in der reifen Larve von ihnen noch fast keine Spur vorhanden war. An den jederseits im Tierkörper von vorn bis hinten ziehenden Längsstämmen sitzen zahlreiche einzelne oder zu Träubchen vereinigte kleine Blindschläuche auf, von denen jeder im Innern eine Anzahl von Zellen erkennen lässt. Diese Zellen sind die Bildnerinnen der Dottersubstanz; im Grunde der Schläuche am kleinsten, vermehren sie sich durch Teilung und werden, je mehr sie sich dem mit dem Längsgange in Verbindung stehenden Ende des Säckchens nähern, immer grösser, während sie zugleich in ihrem Innern die Dottermassen in Gestalt kleiner runder, stark licht-

[1] l. c. pag. 33.

brechender und gelblich gefärbter Kügelchen und Tröpfchen absondern. Das Protoplasma dieser membranlosen Zellen ist hell, Kern und Kernkörperchen deutlich. Die Dotterkörnchen gruppieren sich centrifugal, so dass sie zuerst einen peripherisch gelegenen Kranz in der Zelle bilden; später, wenn der Prozess fortschreitet, treten sie auch in den centralen Partien des Zellenleibes auf, immer aber so, dass sie in der äussersten Zone am dichtesten und massenhaftesten vorhanden sind. Sehr oft zeigen sich schliesslich die Dotterzellen so stark mit diesen Körnchen erfüllt, dass von dem immer noch vorhandenen Kern und dem unveränderten Protoplasma keine Spur mehr zu erkennen ist, und die ganze Dotterzelle wie ein Ballen zusammengeklebter Dotterkörnchen aussieht. Infolge dieses letzteren Umstandes erklärt sich auch eine Meinungsdifferenz, die sich zwischen einigen Forschern erhoben in Bezug auf den morphologischen Wert der Dotterballen, welche bei der Eibildung in das Innere der Eier aufgenommen werden. Während nämlich einige Forscher (Sommer[1]) etc.) glauben, dass die reifen, völlig mit Dotterkügelchen gefüllten Zellen bald zerfallen, und nur ihre Trümmer die Leitungswege der Würmer erfüllen, behaupten andere (Kerbert[2], Thomas[3], Lorenz[4]) etc.), dass es reife und immer ganze Dotterzellen sind, welche durch die Dottergänge nach den Eibildungsstätten geführt und dort in die jungen Eier aufgenommen werden. Meine eigenen Erfahrungen für Distomum macrostomum, sowie die Beobachtungen Leuckarts über die Eibildung von Distomum hepaticum und anderen, sprechen für die letztere Ansicht. Auf Totalpräparaten, die mit Hämatoxylin oder Bismarckbraun schwach gefärbt waren, konnte man deutlich ganze Zellen in den transversalen Dottergängen constatieren, von denen grossenteils auch noch der Kern zu erkennen war. In dem Lauer'schen Kanale dagegen fanden sich auch nicht selten Dottermassen vor, hier jedoch augenscheinlich immer nur einzelne Dotterkörnchen oder Trümmer von Zellen, ein Umstand, den ich mir so erkläre, dass öfters, sei es durch Druck, sei es aus irgend einem anderen Grunde, einzelne der mit Dotterkörnchen reichlich durchsetzten Zellen platzen und dann nicht mehr verwendet werden können. Derartig überflüssiges, resp. unbrauchbares Dottermaterial wird dann durch den Lauer'schen Kanal nach aussen entfernt werden.

Es würde dies übrigens, vorausgesetzt, dass die gegebene Erklärung die richtige ist, in unserem Falle für den Lauer'schen Kanal eine Function ergeben, ähnlich der, wie sie ihm bereits von Sommer[5] zugeschrieben wurde; nur dass es sich hier nicht um im Überfluss produzierte und deshalb als unbrauchbar zu entfernende, sondern um zerstörte, und deshalb für die weitere Verwendung thatsächlich nicht nutzbare Dottermassen handelt. Dass jedoch die Entfernung dieser die alleinige Function des in Rede stehenden Ganges repräsentieren sollte, scheint mir doch wenig wahrscheinlich.

---

[1] Sommer. Die Anatomie des Leberegels. Beiträge zur Anatomie der Plattwürmer. III. Heft. 1880. Zeitschrift für wiss. Zool. 34. Bd. Sep.-Abd. pag. 70.
[2] Kerbert. Beitrag z. Kenntnis der Trematoden. Archiv für mikrosk. Anatomie. Bd. 19. pag. 566.
[3] l. c. pag. 105. Thomas für Dist. hep.
[4] Lorenz. Axine und Microcotyle. Arb. aus d. Zool. Inst. z. Wien. pag. 19 u. 27.
[5] l. c. pag. 79.

3. Der Bau des geschlechtsreifen Distomum macrostomum.

Alle diese bis jetzt beschriebenen Wachstums- und Entwicklungsvorgänge spielen sich also, wie bereits eingangs erwähnt, in den ersten vier Tagen nach der Übertragung in den Vogel ab. Es wird dann, nachdem die Zeugungsstoffe in genügender Menge fertig vorhanden sind, eine Begattung eintreten müssen, doch ist es mir niemals gelungen, eine solche thatsächlich zu beobachten. Im Anschluss an diese Begattung nimmt dann die Eibildung ihren Anfang. Zwischen dem 6. (Zeller)[1]) und 8. Tage nach der Fütterung kann man dann gewöhnlich bei unseren Würmern unter sonst günstigen Lebensbedingungen die ersten fertig gebildeten Eier zu Gesicht bekommen; die fernere Production derselben geht dann gewöhnlich mit so rapider Schnelligkeit vor sich, dass nach kurzer Zeit die anfangs nur spärlich entwickelten Uterusschlingen strotzend mit den Eiern erfüllt sind und ausser den Saugnäpfen den bei weitem grössten Teil des Tierleibes einnehmen.

Ungefähr vom 14. Tage erfolgt schliesslich die Ablage der Eier: dieselben haben dann den Uterus in seiner ganzen Länge passiert, während zugleich ihr Inhalt nach Ablauf des Furchungsprozesses zu einem völlig reifen Embryo sich umgebildet hat.

Was den anatomischen Aufbau des Distomum macrostomum, sowie die Configuration seiner Organsysteme anbetrifft, so schliesst es sich in Bezug auf diese, bis auf wenige Abweichungen ganz dem Bauplan an, wie wir ihn von der Mehrzahl der Distomen kennen, so dass mir nur wenig hinzuzufügen bleibt.

Der ausgebildete Wurm wechselt in seiner Grösse nicht unbedeutend, da er auch nach Eintritt der Geschlechtsreife, jedenfalls infolge der bedeutenden Füllung des Uterus mit Eiern, noch reichlich wächst. Ein 20 Tage altes Tier mass nach der Conservierung ungefähr 1,8 mm in der Länge, 0,8 mm in der Breite und 0,45 mm in der Dicke; es ist ohne weiteres einleuchtend, dass diese Maasse durch Contractionen und Bewegungen in der verschiedensten und mannigfachsten Weise beim lebenden Tiere modifiziert werden können. Im Allgemeinen sind aber unsere Würmer bei weitem nicht so beweglich, wie dies von anderen Trematodenformen bekannt ist.

Als unter allen Umständen charakteristisch für unseren Wurm können zwei Eigentümlichkeiten angeführt werden; es sind dies einmal die Bildung des Kopfendes, und dann die Lage der Geschlechtsöffnung. Was zunächst das Kopfende anbelangt, so erscheint dieses, wie schon Zeller[2]) angibt, in der Seitenlage wie schief abgeschnitten, freilich nicht lediglich infolge des von Zeller angegebenen Umstandes, dass die Körperbedeckung auf der Rückenseite kragenartig über den Mundsaugnapf emporgezogen erscheint. Der Hauptgrund dieser Eigentümlichkeit dürfte meiner Ansicht nach bei weitem mehr in der Thatsache liegen, dass auch die dorsale Wand des Mundsaugnapfes viel länger ist, als die ventrale (0,35 : 0,28 mm)[3]), und dass schon durch diesen Umstand die Öffnung des Mundsaugnapfes eine ziemlich starke Neigung nach der Bauchfläche zu erfährt, welche in der Seitenansicht die bereits erwähnte Eigentümlichkeit hervorruft. Es scheint ausserdem diese Eigentümlichkeit nicht ohne Nutzen und praktischen Wert für unseren Wurm

---

[1]) l. c. pag. 572.
[2]) l. c. pag. 568.
[3]) Auch bei anderen Arten walten ähnliche Verhältnisse ob. (Distomum hepaticum u. s. w.)

zu sein. Denn die Thatsache, dass auch der Mundsaugnapf mit seiner Öffnung nach der Ventralfläche gerichtet ist, ermöglicht es, beide Saugnäpfe zu gleicher Zeit als Befestigungsmittel in Thätigkeit zu setzen. Man findet sehr oft die Parasiten mit beiden Saugnäpfen fest an der Wand der Kloake festgesetzt, so fest, dass die Tiere durch Ziehen allein nicht von ihrem Sitz entfernt werden können, sondern mit einem Messer zugleich mit der obersten Schicht der Kloakenwand abgehoben werden müssen; bei der Untersuchung findet man dann einen förmlichen grossen Kegel derselben in das Saugnapflumen hineingezogen. Einmal war ein solches Distomum bei der Wahl seines Wohnortes etwas fehlgegangen und hatte ein anderes ergriffen, dessen ganzes Hinterteil dann in seinem Mundsaugnapfe ein Unterkommen gefunden hatte.

Überraschend ist übrigens bei unseren Würmern eine derartige feste und sorgfältige Fixierung nicht. An einem Orte mit einem so ausgiebigen und energischen Durchgangsverkehr, wie ihn die Kloake der Vögel repräsentiert, wo die Parasiten leicht in die Lage kommen können, unfreiwillig mit an die Luft gesetzt zu werden, sind natürlicherweise die mit starken und sicheren Haftapparaten ausgerüsteten Tiere am besten instande, den Kampf um's Dasein mit Erfolg zu bestehen.

Auch die Lage der Geschlechtsöffnung bietet ein nicht unwesentliches, charakteristisches Merkmal unseres Distomum macrostomum, indem der gemeinsame Genitalporus nicht, wie gewöhnlich, auf der Bauchseite, sondern terminal gelegen, ja öfters sogar etwas nach der Dorsalseite emporgerückt erscheint, sodass dann die hinter demselben gelegene Excretionsöffnung, die sonst am Hinterende allerdings gewöhnlich etwas dorsal gelegen ihren Platz hat, sich völlig auf die Rückenseite verschoben findet. Es teilt unser Wurm diese abweichende Bildung ausser mit den Holostomen, besonders noch mit dem Genus Gasterostomum, zu dem er auch bemerkenswerter Weise durch die sonderbar verästelte Form seiner Sporocyste in näherer Beziehung steht. Während Gasterostomum aber auch sonst nicht unbeträchtliche Abweichungen von der gewöhnlichen Organisation der Distomen aufweist, bewahrt unser Tier dieselbe in typischer und normaler Weise, sodass die Diagnose des Genus völlig auf dasselbe Anwendung findet.

Obgleich unser Wurm im allgemeinen in anatomischer sowohl, wie bereits erwähnt, als auch in histologischer Hinsicht nur wenig von dem als typisch bekannten Aufbau der Distomen abweicht, so mögen doch der Vollständigkeit halber auch über die histologischen Verhältnisse einige thatsächliche Angaben hier Platz finden.

Rindenschicht.

Bedeckt ist der Körper des Distomum macrostomum von einer Hautschicht (0,0015 mm), in welche über die ganze Oberfläche des Körpers hin sich kleine Stacheln (0,0035) eingesenkt finden. An Stellen, wo sie einer starken Abnutzung ausgesetzt ist, wächst sie zu einer bedeutenden Stärke (0,01 mm) an, so namentlich an den Umschlagstellen in die Saugnäpfe.

Unter der Hautschicht liegt der Hautmuskelschlauch, der sich aus einer dreifachen Muskellage zusammensetzt, aber mit Ausnahme der Nackengegend nirgends eine grosse Stärke und Leistungsfähigkeit erlangt, ein Umstand, aus dem sich wohl die bereits früher hervorgehobene geringe Beweglichkeit unseres Wurmes erklären mag.

Zu äusserst liegen, wie auch sonst, eine Ring- und eine Längsfaserlage, aus zwar zahlreichen, aber schwachen Fasern zusammengesetzt, die in den einzelnen Schichten unter sich anastomosieren. Die zirkulär verlaufenden Fibrillen erscheinen auf Querschnitten als Punkte (0,0009 mm); sie haben einen Abstand von 0,0009 mm von einander und liegen in einer sich hell und homogen färbenden Grundsubstanz. Die Längsfasern haben nur 0,0004 mm und stehen durchschnittlich 0,0008 mm auseinander. Als innerste Schicht trifft man auf ein Netz zarter Diagonalzüge (0,0006), die in einer Entfernung von 0,0014 mm einander parallel laufen und sich unter einem Winkel von 150° schneiden.

Auch bei unserem Wurme finden sich nun unter dem Hautmuskelschlauche in das Körperparenchym eingelagert, aber doch zur Haut in näherer Beziehung stehend, in grösserer Anzahl zellige Gebilde vor, wie solche bereits von anderen Forschern des öfteren beschrieben worden sind. So treffen wir zunächst im gesammten Umkreise des Körpers eine Schicht von dunklen, sich stärker als die Umgebung färbenden Kernen an (0,005 mm); dieselben sind nur von einer geringen Menge von Protoplasma umgeben; dieses aber nimmt Farbstoffe intensiv auf und wird bei Hamatoxylinfärbung fast schwarz. Öfters sah ich auf Schnittpräparaten feine Nervenästchen in unmittelbarer Nähe dieser Gebilde endigen; doch möchte ich ohne directen Nachweis einer thatsächlichen Verbindung dieser Nervenästchen mit unseren Apparaten denselben nicht ohne weiteres eine nervöse Natur zuschreiben. Übrigens haben sie auch eine nicht geringe Ähnlichkeit mit gewissen Zellen, die wir bald bei der Beschreibung der Saugnäpfe kennen lernen werden.

Zwischen diesen Elementen finden sich weiter, jedoch in geringerer Anzahl, Zellen mit hellem, in selteneren Fällen aber auch feinkörnigem, sich schwach färbenden Protoplasma, bläschenförmigem grossen Kern und stark hervortretendem Kernkörperchen. Auch sie sind über die ganze Körperfläche verteilt, am stärksten jedoch in dem bereits beschriebenen Kopflappen und dessen Umgebung angehäuft. Da sich an ihnen nicht selten ein nach der Körperoberfläche hinführender, feiner Ausführungsgang mit Sicherheit nachweisen lässt, möchte ich sie als Drüsenzellen in Anspruch nehmen, obgleich sie in ihrem sonstigen Habitus viel Ähnlichkeit mit den von Schwarze[1]) beschriebenen und als elastische Elemente gedeuteten „Blasenzellen" aufweisen. Auch der mehrfach beobachtete körnige Inhalt unserer Gebilde dürfte mehr für die Drüsennatur derselben sprechen. Ganz ähnliche Elemente hat Looss[2]) bei Distomum palliatum gesehen lässt jedoch unentschieden, ob sie nicht eventuell auch Ganglienzellen darstellen.

Mittelschicht.

Die Mittelschicht besteht bei unserem Tiere wie bei allen Distomen aus dem Bindegewebe des Körperparenchyms und den diesem eingelagerten Organen.

Körperparenchym. Das Körperparenchym zeigt den bereits von Taschenberg beschriebenen und dann von späteren Forschern bestätigten Aufbau aus zweierlei Elementen; den zu einem Maschenwerk vereinigten Bindegewebszellen und den in dieses eingelagerten hellen, membranlosen Zellen. Zum Studium dieser Verhältnisse kann man bei unserem Wurme nur jüngere, höchstens acht Tage alte Individuen verwenden, da bei den älteren Distomen der ganze Körper so von den stark gefüllten Uterusschlingen durchsetzt ist, dass die hellen Zellen fast gänzlich verdrängt werden, und nur noch die Lückenräume erscheinen, von deren ursprünglicher Gestalt auch nur noch wenig zu erkennen ist.

---

[1]) l. c. pag. 19.
[2]) Looss. Beiträge zur Kenntnis der Trematoden. Zeitschft. f. wiss. Zool. 41. Bd. pag. 395.

Die kleinen Kerne der Bindegewebszellen treten deutlich durch ihre starke Färbung hervor, weniger deutlich sind die Kerne der hellen Zellen, doch erkennt man auch sie leicht bei einiger Aufmerksamkeit.

Das System der Parenchymmuskeln zeigt wie der ganze Hautmuskelschlauch im allgemeinen bei unserem Wurme keine besonders mächtige Entwicklung. Die einzelnen Fasern sind dünn und schwach und durchziehen in verschiedenen Abständen von einander die Masse des Tierleibes. Nur die nach den Haft- und Locomotionsorganen, das ist den Saugnäpfen, hinziehenden Faserzüge zeigen eine bedeutendere Entwicklung, namentlich was ihre Zahl anlangt. Es lassen sich hier verschiedene Gruppen unterscheiden. Vor allem mächtige und zahlreiche Muskeln laufen von dem Vorderteile des Mundsaugnapfes aus schräg nach hinten nach der Körperwand; durch ihre Contraction ziehen sie den Vorderteil des Wurmkörpers lippenartig über die Ränder des Mundsaugnapfes empor.

Eine Insertion der Fasern an der Hautschicht nach vorhergehender pinselförmiger Auflösung, wie dies verschiedentlich (Kerbert[1]) Looss[2])) beschrieben worden ist, scheint bei diesen Muskeln nicht statt zu finden, während ich es bei den übrigen Parenchymmuskeln nicht selten beobachten konnte; dagegen setzen sich dieselben mit den Längs- und Diagonalzügen des Hautmuskelschlauches in Verbindung.

Auch von dem Umfange des Bauchsaugnapfes aus geht ein Complex von Muskelfasern nach der Rückenfläche des Körpers empor, die in der Hauptsache in der Mantelfläche eines Kegels angeordnet liegen, ohne jedoch zu einer geschlossenen Muskelhaut zusammen zu treten. Was die Verbindung aller dieser Parenchymfaserzüge mit den Saugnäpfen resp. deren Musculatur anbelangt, so ist „ein directer Übergang dieser Muskeln in die Musculatur des Saugnapfes bei Distomen nur selten zu constatieren".[3] Und das um so mehr, als die betreffenden Verhältnisse fast nur an Schnitten studiert werden können, auf denen natürlicherweise die in den verschiedenen Richtungen des Raumes verlaufenden und mannigfach sich kreuzenden Muskelzüge nicht in längerem Verlaufe getroffen werden können. Was aber durch sorgfältige Berechnung und bewusste Absicht nicht erzielt wird, das gibt vielfach der Zufall an die Hand; so auch hier: auf einem Schnittpräparate von Distomum hepaticum, das ich der Güte des Herrn Geheimrat Leuckart verdankte, konnten zwei breite Muskelbänder bis weit hinein in den Saugnapf verfolgt werden, wo sie am Rande des Lumens hin nach vorn verliefen und schliesslich zwischen den Saugnapfmuskeln endigten. Auch bei unserem Distomum macrostomum war ein solches Verhalten der in Rede stehenden Parenchymfaserzüge nicht selten nachzuweisen, wenngleich es mir niemals glücken wollte, ein derartig schönes Präparat, wie das von Distomum hepaticum zu Gesicht zu bekommen.

Dass durch ein solches Eindringen in die Saugnäpfe die gegenseitige Verbindung der betreffenden Elemente nicht unbedeutend erhöht wird, bedarf wohl kaum des Nachweises.

Der Verdauungsapparat entspricht in seinem Baue vollständig dem der übrigen Trematoden. An den äusserst stark und kräftig entwickelten Mundsaugnapf schliesst sich ein ebenfalls ansehnlicher Pharynx an, der fast unmittelbar in die beiden einfachen Darmschenkel überführt. In histologischer Hinsicht dürfte noch das Folgende erwähnenswert sein.

Der Mundsaugnapf ist, wie gesagt, ein sehr kräftiger Hohlmuskel, welcher den grössten Teil

---

[1] l. c. pag. 514.
[2] l. c. pag. 401.
[3] Leuckart. Die Parasiten des Menschen. 1886. II. Teil. pag. 21.

des vorderen Körperendes einnimmt. Er ist 0,35 mm lang, 0,3 dick und besitzt ein grösstes Lumen von 0,15 mm. Seine Wandungen (durchschnittlich 0,09 mm dick) sind am Rücken etwas höher gewölbt als am Bauche; es ragt auch die dorsale Wand etwas über die ventrale vor, so dass, wie bereits an anderer Stelle (cf. pag. 29) hervorgehoben, die Öffnung desselben nicht nach vorn, sondern sehr nach unten gerichtet erscheint.

Nach aussen wird der Mundsaugnapf begrenzt von einer zarten Membran (0,0007), innen von einer etwas dickeren Haut (0,0012), welche den Eindruck einer Cuticula macht, da zellige Elemente in ihr nicht wahrnehmbar sind und sie sich ausserdem mit Farbstoffen stark und homogen färbt.

Von dieser inneren und äusseren Begrenzungshaut umschlossen finden sich dieselben Muskelgruppen, wie sie auch sonst bereits bekannt sind: die Äquatorial- und Meridionalfasern sind schwächer ausgebildet, während die Radiärzüge auch hier die grösste Mächtigkeit besitzen. Nur an den Lippen nehmen auch die Ringmuskelzüge eine etwas stärkere Entwicklung (0,006 mm) an.

Die Radiärfasern stehen nicht an allen Stellen gleich dicht; namentlich da, wo sie am spärlichsten gelagert erscheinen, tritt auch das die Grundmasse des Saugnapfes bildende Gewebe deutlich hervor; es entspricht dasselbe in seiner Ausbildung völlig demjenigen, welches wir auch als die Grundmasse des übrigen Körpers kennen: indem zwischen die Maschen des aus den kleinen und dunkel sich färbenden Zellen zusammengesetzten Netzwerkes die grossen blassen und membranlosen Zellen sich eingelagert finden (cf. Fig. 18 u. 19).

Die eben geschilderten Verhältnisse gelten in gleicher Weise natürlich auch für den Bauchsaugnapf, nur dass dieser etwas grösser ist (er misst 0,5 mm in der Länge, 0,4 in der Breite bei einem grössten Lumen von 0,38 mm, die Wandungen sind 0,08—012 mm dick) und im ganzen einen etwas festeren und kräftigeren Bau erkennen lässt.

Die Lippen des Mundsaugnapfes sind beim lebenden Tiere, so lange es keinen passenden Fixationspunkt hat (was ja gewöhnlich während der Beobachtung unter dem Mikroskope der Fall ist) in einer fortwährenden Bewegung, die sich auch der kragenartigen Hervorragung der Körpermasse am vorderen Leibesende mitteilt und dadurch wahrscheinlich das von Zeller beobachtete Unduliren desselben hervorruft.

In histologischer Hinsicht zeigt die Muskulatur dieser Lippen einen etwas abweichenden Aufbau. Man sieht nämlich auf einem in der Meridionalebene des Saugnapfes geführten Schnitte (cf. Fig. 19) von dem äussersten Rande desselben aus nach rechts und links unter 45° nach der äusseren und inneren Grenzmembran des Mundsaugnapfes hin Muskelbündel verlaufen, von denen das nach der inneren Wand hinziehende stets stärker ist, als das andere. Da die unteren Enden dieser Faserzüge durch die ersten Radiärmuskeln verbunden werden, so erblickt man gewöhnlich auf einem solchen Schnitte in dem oberen Rande des Saugnapfes ein durch die erwähnten Lippenmuskeln und die obersten Radiärfasern gebildetes Dreieck, welches, da sein Innenraum von Muskeln völlig frei ist, die Zellen des Grundgewebes deutlich erkennen lässt.

An dem Bauchsaugnapfe findet sich eine Lippenmuskulatur in dem ausgesprochenen Maasse, wie bei dem Mundsaugnapfe, nicht vor, dagegen kann man auch hier des öfteren die ganz der übrigen Körpermasse gleichende Structur des Grundgewebes erkennen.

Es scheint dieses letztere eine ganz ausgesprochene elastische Function zu haben, indem es bei seiner augenfällig weichen Beschaffenheit bei einer Contraction der Saugnapfmuskeln zusammengedrückt werden kann, bei einem Nachlassen der Muskelkraft aber durch seine Elastizität die ursprüngliche Form von selbst wieder herstellt.

Der Pharynx, der unmittelbar auf den Mundsaugnapf folgt, schliesst sich in Bezug auf seinen Bau im allgemeinen diesem an. Er ist ein länglich ovales Gebilde (0,24 mm hoch und 0,25 mm breit), das bedeutend an Grösse hinter dem Saugnapfe zurücksteht. Ein zwischen Mundnapf und Pharynx sich einschiebender Vorhof, wie er bei zahlreichen Distomen vorzukommen scheint, wie ihn bei Distomum hepaticum Leuckart, bei Distomum Westermani Kerbert, bei Distomum palliatum Looss beobachtete, kommt bei unserem Distomum macrostomum nicht so typisch zur Anschauung; er ist hier kaum grösser, als ihn die Schluckbewegung unseres Tieres gerade erheischt, da in der Hauptsache auch seine Thätigkeit durch die ungleich mächtigere und ansehnlichere Ausbildung des Mundsaugnapfes entbehrlich geworden ist.

Ein eigentlicher Ösophagus ist fast gar nicht vorhanden. Nur bei der grössten Längsstreckung des Wurmes zeigt sich wahrscheinlich erst infolge der Dehnung zwischen dem Hinterende des Pharynx und der Gabelungsstelle des Darmes ein unpaares Rohr von höchstens 0,05 mm Länge. Dieses ist, wie der Pharynx und Vorhof, mit einer Haut ausgekleidet, welche die Fortsetzung der den Mundsaugnapf begrenzenden Innenmembran bildet, die sich auch noch eine kurze Strecke in die paarigen Darmschenkel hinein fortsetzt; sie hat eine durchgehende Stärke von 0,0018—0,002 mm.

Die Länge der einfachen Darmschenkel beträgt 1,35 mm; hiervon kommen ungefähr 0,35 mm auf den nach den Seiten des Körpers und 1 mm auf den in der Längsrichtung nach hinten laufenden Teil; je nach den Contractionszuständen ist natürlicherweise der Winkel, den diese beiden Richtungen mit einander bilden, und der niemals eine sehr scharfe Spitze hat, ein ausserordentlich wechselnder: bei stark zusammengezogenen Tieren, wie es namentlich die conservierten fast immer sind, haben die querlaufenden Teile des Darmes sogar eine Richtung schräg nach oben (cf. Fig. 5). Auf Querschnitten erscheint das Darmrohr als ein Oval von 0,07:0,045 mm.

Was den histologischen Bau anlangt, so finden wir als äusserste Begrenzung des Darmes eine Eigenmembran, der eine nicht unansehnlich entwickelte Muskelschicht, wie dieselbe vielfach am Darm der Trematoden beobachtet worden ist, aufgelagert erscheint. Dieselbe besteht auch bei unserem Wurme aus einer Ring- und Längsmuskulatur von ziemlich gleich starker Entwicklung (0,0008:0,0006 mm). Nach innen folgen auf die Eigenmembran zwei Zellschichten, die sich in jeder Hinsicht scharf und deutlich von einander unterscheiden. Die unterste, direkt der Tunica propria anliegende dieser Zellschichten ergibt sich bei näherer Betrachtung als die unmittelbare Fortsetzung der Membranen, welche wir als innere Auskleidung sowohl des Mundsaugnapfes und des Pharynx, als auch des Anfangsteiles des Darmes kennen gelernt haben. Diese Zellenlage besteht aus hohen Cylinderzellen, in denen die Kerne deutlich hervortreten. Dieser unteren Zellschicht ist eine zweite von derselben Höhe und derselben Zusammensetzung aufgelagert; sie kleidet den Darm seiner ganzen Länge nach aus, reicht aber nach vorn zu nur bis kurz hinter den Pharynx, wo sie ziemlich plötzlich verschwindet. Beim lebenden Tiere besitzen diese Zellen feine Strichelchen, zwischen denen reihenweise eingeordnet Körnchen von Fettstoffen eingelagert sind; diese letzteren lassen sich mit Äther leicht und völlig extrahieren, so dass dann die Zellgrenzen, sowie die Kerne schön und deutlich hervortreten.

In Bezug auf ihr chemisches Verhalten zeigen diese beiden Schichten eine ausgesprochene Verschiedenheit, indem sich die eine stets anders färbt, als die andere. Während z. B. bei Färbung mit Bismarckbraun die untere sich stark imbibiert und die obere ganz blass bleibt, ist es bei Karmin und

Hämatoxylin gerade umgekehrt, indem hier die untere viel heller bleibt, während die obere namentlich mit Hämatoxylin fast schwarz wird.

Über die Natur und physiologische Bedeutung dieser beiden so differenten Epithellagen lassen sich so natürlich positive Angaben nicht machen.

Drüsen. Neben den schon früher erwähnten zu der Haut in Beziehung stehenden einzelligen Drüsen finden sich noch mässig entwickelte Speicheldrüsen auf der Bauchseite, an der Übergangsstelle des Pharynx in den Darm vor. Dieselben sind ebenfalls einzellig (0,02:0,016 mm), haben einen feinkörnigen, stark lichtbrechenden Inhalt, in dem ein Kern nicht sichtbar ist und besitzen einen lang ausgezogenen Ausführungsgang, vermittelst dessen sie ihren Inhalt in den Ösophagus entleeren.

Das Excretionsgefässsystem zeigt weder in topographischer noch in histologischer Hinsicht bemerkenswerte Abweichungen von dem sonst bei den Distomen bekannten Verhalten. Die betreffenden Verhältnisse lassen sich am besten an Larven oder ganz jugendlichen Distomen beobachten, da mit der weiteren Entwicklung und dem fortschreitenden Anwachsen der Geschlechtsorgane diese zarten Gebilde mehr und mehr verdeckt werden. Der Porus excretorius, der infolge der eigentümlichen Contractionsverhältnisse des Tieres meist in der Mittellinie des Rückens gelegen ist, führt in den Sammelraum, dessen 0,002 mm dicke Wandungen an der Aussenseite von einer feinen Längs- und Ringfaserschicht überzogen werden. Ein Epithel war im Inneren nicht nachzuweisen. Die äussere Form der Sammelblase ist infolge der sie von allen Seiten einengenden Uterusschläuche vielfach eine ganz unregelmässige. Von ihr aus nimmt nun, wie bei fast allen Distomen, je ein Längsgefäss auf jeder Seite seinen Ursprung, das in mannigfachen Windungen nach vorn bis in die Höhe des Bauchsaugnapfes zieht und von dort, nachdem es einen kleinen Zweig nach vorn abgegeben hat, bis weit nach hinten zurückkehrt. Hier löst es sich dann in drei kleinere Gefässe auf, von denen das eine noch weiter nach rückwärts in der Gegend des Cirrusbeutels geht, die beiden anderen aber nach dem Kopfe zu zurückkehren, um sich weiter aufzulösen (cf. Fig. 4). Die Wandungen dieser Gefässe sind deutlich doppelt contouriert (0,0007 mm), doch lassen sich Kerne nicht in ihnen nachweisen. Eine Flimmerbewegung existiert in diesen Längsstämmen ebenfalls nicht. Kapillaren und Flimmertrichter, die auch hier reichlich vorhanden, wenn auch nicht immer leicht aufzufinden sind, schliessen sich völlig den bereits von anderen Formen beschriebenen Verhältnissen an.

Das Nervensystem. Was den Aufbau des nervösen Apparates bei unserem Wurme anbelangt, so ist als abweichend von dem gewöhnlichen Verhalten nur hervorzuheben, dass die beiden Hauptnervenstämme, welche von den beiden durch eine Commissur verbundenen Hauptganglien nach hinten ziehen, auf der rechten und linken Seite des Tierkörpers nicht ganz den gleichen Verlauf besitzen. Man kann nämlich an gut gelungenen Überosmiumsäure-, ebenso wie an Hämatoxylinpräparaten leicht sehen und auf Schnittpräparaten bestätigen, dass der linke Ast in der Hauptsache an den Bauchsaugnapf, der rechte dagegen mehr an die Genitalien und nach den hinteren Körperpartien hinläuft.

Indessen gibt auch der linke Strang nach hinten feine Ästchen ab, ebenso wie der rechte an den Bauchsaugnapf. Es stehen aber diese Faserzüge ganz bedeutend hinter den betreffenden Hauptästen zurück sodass thatsächlich eine ganz augenfällige Asymmetrie vorhanden ist.

Entsprechend der Mehrzahl der Geschlechtsdrüsen löst sich der rechte Stamm kurz unterhalb des Bauchsaugnapfes in mehrere Zweige auf, von denen je einer an die Hoden sowohl, als auch an das Ovarium herantritt, während ein vierter nach dem hinteren Körperende an den Cirrusbeutel sich begibt.

Natürlicherweise existieren auch bei unserem Wurme ausser den beiden Hauptlängsnerven noch eine Anzahl anderer, hier drei, von denen einer ebenfalls nach hinten aber mehr nach der Rückenseite hin verläuft und sich niemals weit verfolgen lässt, während die beiden anderen nach vorne sich wenden und an den Saugnapf heran-, teilweise sogar in denselben hineintreten.

Aufmerksam gemacht durch die Gaffron'schen Untersuchungen[1]), der bei Distomum isostomum die bekannte eigentümliche, an die Verhältnisse der ectoparasitischen Tristomen, sowie gewisser Anneliden und Mollusken erinnernde Architektonik des nervösen Apparates entdeckte, wandte ich mein Augenmerk auf die Feststellung etwaiger analoger Bildungen. Obwohl nun schon der Asymmetrie der Hauptnervenstränge halber ein solches typisches Verhalten nicht wohl zu erwarten war, so gelang es mir doch, allerdings erst nach mannigfachen Bemühungen, wenige sehr zarte und feine Nervenästchen aufzufinden, welche unterhalb des Bauchsaugnapfes ohne allen Zweifel von einem Nervenstamme zum anderen hinüber gingen. Bei den geschlechtlich vollkommen entwickelten und mit Eiern vollgepfropften Würmern lässt sich von diesen Verhältnissen natürlich nichts erkennen; es müssen hierzu am besten junge Distomen verwandt werden, die 1—2 Tage im Vogeldarm verweilt haben.

In histologischer Hinsicht dürften noch folgende Punkte erwähnenswert erscheinen. Die Ganglienzellen sind bipolar, besitzen eine nicht ganz constante Grösse, homogenes Protoplasma mit Kernen von 0,006 mm Durchmesser und sind nur in geringer Anzahl vorhanden. Einzelne Faserzüge lassen sich bei den nach den Saugnäpfen verlaufenden Nerven mit aller Sicherheit in das Innere derselben hinein verfolgen Bemerkenswert ist das Vorhandensein einer distincten bindegewebigen Nervenscheide, die bis jetzt entweder geleugnet, oder doch wenigstens nicht aufgefunden wurde, deren spezifische Natur sich aber auf entwicklungsgeschichtlichem Wege sicher feststellen lässt (cf. Fig. 60).

Die Fortpflanzungsorgane. Nachdem wir bereits bei der Besprechung der reifen, im Leucochloridiumschlauche befindlichen Larven die Anlage der Geschlechtsorgane, sowie später die Reifung der in den Keimdrüsen sich bildenden Zeugungsstoffe näher kennen gelernt haben, wird es sich jetzt darum handeln, den Zusammenhang, sowie den feineren Bau des gesammten Apparates, wie er sich beim völlig erwachsenen Tiere präsentiert, noch einer etwas näheren Betrachtung zu unterwerfen.

Die Genitalorgane behalten wie bei der Larve ihre Lage im hinteren Körperende bei, nur der Uterus dringt weiter nach vorn bis an die Basis des Mundsaugnapfes vor und erfüllt mit seinen zahlreichen Schlingen fast den ganzen, von den Saugnäpfen freigelassenen Raum des Wurmkörpers.

Die männlichen Organe behalten ihre kugelige Form (0,14 mm) meist unverändert bei; sie sind von einer zarten Membran (0,004 mm) umgeben, in der die während der Larvenperiode vorhanden gewesenen Kerne nur wenig nachweisbar sind. Im Inneren liegen dieser Tunica propria die proliferierenden Zellen an; sie besitzen Kerne bis 0,004 mm Grösse mit Kernkörperchen; ihr Plasma ist gegen das der Nachbarzellen nur undeutlich und unvollkommen abgegrenzt, so dass oft das Bild von Kernen in einer gemeinsamen Protoplasmamasse vorgeführt wird.

---

[1]) Gaffron. Zum Nervensystem der Trematoden. Schneider's Zool. Beiträge. Breslau. 1885.

Weiter nach innen zu liegen die Spermatogemmen in verschiedenen Entwicklungsstadien (cf. Fig. 22), deren Entstehung bereits an früherer Stelle erwähnt wurde: sie erreichen bis 0,06 mm Grösse; es zeigen sich aber innerhalb der Hoden auch bei ganz alten Tieren nur selten geplatzte Spermatogemmen, so dass nur ganz vereinzelte Bündel reifer Spermatozoen als lockenförmige Bildungen in denselben angetroffen werden, während sonst in den Hoden der Distomen eine Unzahl solcher reifer Samenfäden sich vorfinden. Es scheint demnach bei unserem Wurme, dessen Hoden im Verhältnis zu der gesammten übrigen Körpermasse als relativ recht klein bezeichnet werden müssen, als Ersatz hierfür die Production eine ausserordentlich rapide zu sein. Zugleich wird das soeben gebildete Material sofort abgeführt, um neuen Entwicklungsproducten Platz zu machen, eine Annahme, die übrigens auch durch die rasche erste Entwicklung der Keimstoffe wahrscheinlich gemacht wird.

Die Samenfäden haben eine Länge von 0,1 mm; 0,013 mm unterhalb der Spitze erleiden sie eine Anschwellung in Gestalt eines Knöpfchens von 0,0065 mm (cf. Fig. 21).

Die Ausführungsgänge verlaufen von den Hoden aus ziemlich gestreckt nach der Mitte und abwärts, um sich bald zu vereinigen; das gemeinsame Vas deferens, das wie die Vasa efferentia eine der Eigenmembran aussen aufliegende feine Ring- und Längsfaserschicht besitzt, begibt sich nach hinten und mündet nach kurzem Laufe in den Cirrusbeutel. Innerhalb desselben verläuft es dann in wenigen starren Windungen nach abwärts als ein in allen seinen Teilen ziemlich gleichweites Rohr (0,06 mm), das im Inneren mit einer dicken, cuticulaartigen Schicht ausgekleidet, aussen von einer doppelten, aber nicht sehr starken Muskelhülle umgeben ist. Der letzte Teil dieses Vas deferens kann als Penis ausgestülpt werden, sodass dann die innere Cuticularbekleidung die äussere Wand bildet, die jetzt deutlich mit sehr zahlreichen, aber kleinen spitzen Hervorragungen besetzt ist. Der ausgestülpte Penis hat einen Durchmesser von 0,012 mm.

Was die **weiblichen Organe** anbelangt, so bietet deren anatomischer Bau keine Besonderheiten dar, ebenso schliessen sich die histologischen Verhältnisse vielfach den bekannten an.

Das Ovarium, kugelig oder von eiförmiger Gestalt (0,16:0,12 mm), ist von einer zarten Membran umgeben und im Inneren von primitiven Eizellen erfüllt, die, wie dies bereits früher hervorgehoben wurde, nach dem Centrum zu etwas an Grösse zunehmen; dieselben besitzen keine Zellhaut, sind 0,01 mm gross und haben einen 0,006 mm grossen Kern mit deutlich und stark hervortretendem Kernkörperchen. Der von dem Ovarium ausgehende Keimgang, in dessen Wandungen deutliche Zellen (0,004 mm) mit Kernen, in der Regel vier auf einem Querschnitt, erkennbar sind, führt alsbald in die Schalendrüse, deren Zellen demselben in regelmässiger Anordnung wie ein Epithel anliegen. Sie sind von mehr oder minder länglicher Gestalt, haben helles, homogenes Plasma, in dem nur selten körnige Elemente sichtbar sind; der Kern (0,006 mm) ist scharf contouriert, färbt sich intensiv und zeigt kein Kernkörperchen. Eingelagert sind diese Zellen in eine bindegewebige Grundmasse (cf. Fig. 22).

Mit dem Keimgange setzt sich innerhalb des Schalendrüsencomplexes der Dottergang in Verbindung. Die Dotterstöcke durchziehen als schmale, lang traubenförmig ausgezogene Stückchen von etwas wechselnder Länge die äussersten Seitenränder des Tierleibes von vorn bis hinten; die in ihnen gebildeten Dottermassen fliessen zunächst jederseits in den gemeinsamen Längscanal, von dem dann ein transversaler Dottergang nach der Schalendrüse hinläuft und bei der Vereinigung mit demjenigen der anderen Seite ein ziemlich ansehnliches, fast stets mit Dotterzellen prall erfülltes Dotterreservoir darstellt (cf. Fig. 8 u. 22).

Aus diesem Sammelraum entspringt der gemeinsame Dottergang, der schliesslich mit dem Keimgang in Verbindung tritt. Eine besondere Structur scheinen die Wandungen aller dieser Dotterwege nicht zu besitzen.

Gleich neben der Mündung des Dotterganges entspringt auch der in einzelnen schwachen Windungen nach der Rückenfläche sich wendende Lauer'sche Kanal, in dem Bruchstücke von Dotterzellen in mehr oder minder starker Anhäufung sich vorfinden.

Die Fortsetzung des Keimganges bildet der Uterus; nachdem derselbe die Schalendrüse verlassen hat, verläuft er noch eine kurze Strecke nach abwärts, um dann umzubiegen und fast den ganzen vorderen Körperteil mit seinen Schlingen zu erfüllen; zuletzt kehrt er nach dem hinteren Teil zurück und mündet endlich neben dem männlichen Ausführungs-gange am Körperende.

Die Embryonalentwicklung.

Das fertige Ei des Distomum macrostomum ist von länglich elliptischer Gestalt und wie die Eier aller Trematoden an dem einen Pole mit einem Deckel versehen; es misst in der Länge 0,03 mm, in der Breite 0,02, doch treten in der Längsausdehnung sowohl, als in der Breitenausdehnung nicht unbeträchtliche Schwankungen auf, so dass die Eier unseres Wurmes nicht nur verschiedene Grösse, sondern auch oft wechselnde Gestalt aufweisen. Die Eischale hat eine Dicke von 0,001 mm und besitzt eine ausserordentliche Widerstandskraft gegen Druck sowohl, wie gegen die Einwirkung von Reagentien. Sie ist anfangs ganz hell und durchsichtig, dunkelt später aber ohne an Dicke zuzunehmen sehr stark nach und wird schliesslich braun und ganz undurchsichtig.

Zugleich mit dem Vorschreiten im Uterus findet nun, wie bei der Mehrzahl der Trematoden, auch die Klüftung und Bildung des Embryo statt, sodass die nach aussen abgelegten Eier einen völlig ausgebildeten und zu weiterer Entwicklung fertigen Keimling einschliessen.

Während nun infolge des eben erwähnten Nachdunkelns der Schale bei jungen, noch nicht lange gebildeten Eiern mit blasser und durchsichtiger Hülle die in denselben sich abspielenden Entwicklungsvorgänge sich verhältnismässig leicht und ohne grosse Mühe studieren lassen, ist dies ohne Anwendung von Reagentien bei den älteren nur noch unvollkommen und schliesslich so gut wie gar nicht mehr der Fall. Und das um so mehr, als der Eiinhalt selbst sich durch ausserordentliche Zartheit und nur geringes Lichtbrechungsvermögen auszeichnet, Eigenschaften also, welche in keinem Falle zur Erleichterung der Beobachtung beitragen.

Um also über die späteren Entwicklungsstadien des Eiinhaltes einigen Aufschluss zu bekommen, musste ich danach trachten, dieselben so unversehrt als möglich aus der Schale herauszudrücken; alle Versuche jedoch, so viele deren auch und so vorsichtig sie angestellt wurden, lieferten keine genügenden Resultate, da an dem unversehrten Ei der Deckel noch so fest sitzt, dass viel eher die Eischale an irgend einer anderen Stelle reisst, als dass der Deckel sich abhebt. Endlich entdeckte ich in der Kalilauge [1] ein Mittel, welches geeignet ist, dem erwähnten Übelstande abzuhelfen; eine 5 %ige Lösung verändert nämlich

---

[1] Mit Eau de Javelle hatte ich keine Erfolge.

nach einer einviertelstündigen Einwirkung auf die Eier die Schale so, dass jetzt schon nach schwachem Drucke der Deckel leicht abspringt und den Inhalt nach aussen treten lässt.

Aber auch an derartig behandelten Objecten ist es noch schwer und gelingt es verhältnismässig nur recht selten, den Eiinhalt unversehrt zu isolieren, da derselbe fast stets an den Schalenteilen hängen bleibt. Um denselben gegen die Wirkungen des Druckes etwas widerstandsfähiger zu machen, härtete ich die Eier vorher mit Überosmiumsäure, Sublimat oder Pikrinschwefelsäure, doch nahm infolge der geringen Durchlässigkeit der Eischale dieser Prozess einen nicht geringen Zeitraum in Anspruch. Die so conservierten Objecte wurden gefärbt und schliesslich in Glycerin eingeschlossen; bei Anwendung von saurem Karmin, Pikrokarmin, Hämatoxylin, Rosanilin und Bismarckbraun erhielt ich mit letzterem die besten Resultate.

Die ohne vorherige Härtung aus den Eischalen hervorgedrückten Inhaltsmassen wurden, um die Elemente deutlicher hervortreten zu lassen, mit Essigsäure behandelt oder mit Ammoniakkarmin resp. mit Methylgrün angefärbt, ein Verfahren, welches mitunter ganz brauchbare Bilder lieferte.

Den Inhalt des eben gebildeten Eies repräsentiert die befruchtete Eizelle, die an dem Deckelpol gelegen und von einem Quantum Dottermaterial umgeben ist. Sie ist in fast allen Fällen kugelrund (0,007—0,01 im Durchmesser) und besteht aus einem hellen, durchsichtigen Plasma, in dem der grosse Kern (0,004—0,006 mm) mit seinem scharf conturierten Kernkörperchen sich scharf und deutlich hervorhebt. Das Dottermaterial erfüllt als Nahrungsdotter den übrigen Teil des Eies; es lässt die Eizelle meist ganz frei, so dass dieselbe unter dem Deckel fast immer klar hervortritt. Ob dieses Dottermaterial aus noch ganzen, intacten Dotterzellen oder aus Bruchstücken derselben sich zusammensetzt, habe ich durch directe Beobachtung nicht feststellen können; ich glaube jedoch behaupten zu können, dass das erstere der Fall ist, sowohl der Analogie mit anderen Trematodenformen wegen, als auch deshalb, weil in den Dottergängen und dem Dotterreservoir nur ganze, unversehrte Dotterzellen sich vorfinden (cf. oben pag. 28).

Die Beobachtung Schauinslands[1]), dass Eizellen mit zwei Kernen vorkommen, ohne dass im Protoplasma auch nur eine Spur von beginnender Zellteilung bemerkbar wäre, kann ich bestätigen, jedoch lagen sie bei mir fast immer unter, nicht neben einander, ein Umstand, der noch mehr für die Wahrscheinlichkeit spricht, dass damit der Beginn einer Teilung in zwei Zellen angekündigt ist.

Was nun die Eifurchung selbst und den Verlauf derselben anbelangt, so entzieht sich dieser infolge des mehrfach erwähnten Übelstandes begreiflicher Weise sehr bald der directen Beobachtung. Mit Zuhülfenahme der Bilder aber, die ich von einzelnen späteren Stadien der Klüftung nach der Conservierung durch Aufdrücken zur Anschauung brachte, glaube ich behaupten zu können, dass im grossen und ganzen der Prozess kaum anders verläuft, als dies durch Schauinslands schöne und sorgfältige Beobachtungen für andere Trematodenformen festgestellt worden ist.

An das bereits erwähnte Stadium, bei dem sich in der noch einfachen Eizelle zwei Kerne vorfinden, schliesst sich zunächst das mit zwei gesonderten Eizellen an (cf. Fig. 24). Diese zwei Zellen sind nicht viel kleiner als die ursprüngliche Eizelle; sie zeigen auch unter sich keine nennenswerten Grössendifferenzen und liegen in der Längsaxe des Eies hinter einander. Hierauf bilden sich drei Furchungskugeln, die aber nicht mehr in einer Linie hintereinander liegen, sondern von denen die eine stets seitlich aus der Längsaxe heraustritt (cf. Fig. 25 u. 26);

---

[1]) Schauinsland. Beitrag zur Kenntnis der Embryonalentwickl. der Trematoden. Jenaische Zeitschr. 16. Bd. pag. 479.

welche der beiden vorher vorhandenen Zellen durch Teilung diese dritte Zelle liefert, liess sich nicht feststellen. Auch diese drei Furchungskugeln sind noch sehr gross und von ungefähr gleichem Umfange; dagegen ist der Nahrungsdotter jetzt schon bedeutend aufgebraucht; derselbe liegt zwar im allgemeinen noch dem Deckelpol gegenüber, ist aber dadurch, dass die neugebildeten Zellen sich in ihn hineindrücken und ihn zur Seite drängen, vielfach seitlich an den Eiwandungen und zwischen den Keimkugeln nach vorn getreten, so dass seine Menge bei Eiern derselben Entwicklungsstufe häufig ganz verschieden erscheint. Bei fortschreitender Entwicklung bilden sich nun nach und nach vier, fünf und mehr Furchungskugeln (cf. Fig. 27—33), deren Zahl nicht in jedem Falle leicht festzustellen ist, da sie sich häufig gegenseitig verdecken.

Zugleich beginnt von jetzt ab die Grösse der neu entstehenden Embryonalzellen allmählich abzunehmen, in demselben Maasse, als das wenige, noch vorhandene Dottermaterial aufgezehrt wird. Immerhin behalten die Bestandtheile unter sich eine nahezu gleiche Grösse bei, so dass derartig bedeutende Grössenunterschiede, wie sie Schauinsland von einer Anzahl der von ihm untersuchten Formen beschreibt, bei unserem Distomum macrostomum nicht angetroffen werden.

Es beginnen jetzt auch am unteren Eipole helle, stark lichtbrechende Tropfen aufzutreten, die sich während der weiteren Entwicklung des Embryos zum Teil recht stark vermehren; es sind dies Ausscheidungen des sich bildenden Embryonalkörpers, Producte des Stoffwechsels, wie solche auch vielfach bei Eiern anderer Formen am Schlusse der Embryonalentwicklung vorgefunden wurden.[1]

Auch eine „Hüllmembran", wie sie Schauinsland nennt, ist bei unserem Wurme vorhanden. Dieselbe scheint sich sehr früh anzulegen, da sie auf dem Stadium der Figur 31 fertig vorhanden ist, und zwar wird die Dottermasse schon vollständig mit von ihr umschlossen. Ihre Entstehung geht höchst wahrscheinlich ganz in der von Schauinsland angegebenen Art und Weise vor sich; bei den in den Figuren 31, 35 und 36 abgebildeten Embryonalkörpern beobachtete ich in ihr zum Teil am Deckelpol, zum Teil an dem entgegengesetzten Ende zellige Elemente, die zwar eine ausserordentliche Kleinheit besitzen, aber doch in typischer Weise dieselben Bildungen, wie die entsprechenden, von Schauinsland gezeichneten darstellen. Beim Ausdrücken des Embryonalkörpers aus der Schale bleibt die Membran auch hier meistens ganz oder teilweise zurück (Fig. 31).

Über die Bildung eines Ecto- und Entoblastes war Genaueres nicht zu beobachten: ich fand Bilder (wie sie z. B. Figur 34 angiebt), wonach ein Ectoblast in ganz dünner Schicht den gesammten Embryo zu überziehen scheint; mit Sicherheit konnte ich dies jedoch nicht feststellen.

Diese gesammte Embryonalentwicklung wird, wie bereits früher hervorgehoben, in derselben Zeit durchlaufen, während welcher das Ei die Länge des Uterus passiert; doch ist bei den nach aussen abgelegten Eiern von einer Organisation des in ihnen enthaltenen jungen Wurmes mit Sicherheit so gut wie nichts wahrzunehmen. Aus diesem Grunde versuchte ich die Eier längere Zeit aufzubewahren, um sie womöglich zum Ausschlüpfen zu bringen, wie solches von einer ganzen Anzahl anderer Arten bekannt ist. Ich zerzupfte zu diesem Zwecke ältere Distomen, deren Uterusschlingen reichlich mit reifen Eiern erfüllt waren, wusch die so gewonnenen Eier aus den anhängenden Uterusfragmenten aus, und brachte sie mit Wasser zum Teil in Uhrschälchen, zum Teil in kurze Glasröhren von 1—2 cm Höhe und $1/2 - 3/4$ cm Weite, deren unteres Ende zugeschmolzen war. Um das Wasser in denselben frisch zu erhalten, setzte ich in alle

---

[1] cf. Leuckart. l. c. pag. 62; Thomas l. c. pag. 110.

einige Lemna. In eine Anzahl anderer Schälchen wurde physiologische Kochsalzlösung gegeben, noch andere wurden im Brutofen einer constanten Temperatur von ungefähr 19° Cels. ausgesetzt. In allen Fällen erhielten sich nun die auf die verschiedenen Weisen behandelten Eier gut, die Embryonen blieben ein Vierteljahr lang am Leben, aber ein selbstständiges Ausschlüpfen derselben trat nirgends ein.

Infolge dieses übereinstimmenden Verhaltens lag nun die Annahme am nächsten, es möchte ein Verlassen der Eischale seitens der Embryonen im Freien überhaupt nicht stattfinden, vielmehr die Eier, wie dies von Schauinsland[1]) für Distomum tereticolle vermutet und von Leuckart[2]) für Distomum ovocaudatum nachgewiesen ist, mit der Nahrung in den Darm der Schnecke gelangen und dort erst infolge mechanischer oder chemischer Einflüsse die Embryonen frei werden.

Während aller der vorerwähnten Versuche jedoch, und bevor die eben ausgesprochene Vermutung ihre Bestätigung finden konnte, strebte ich, durch das bereits früher vielfach geübte Conservieren und Ausdrücken, so gut es ging, einen Einblick in den Bau und die Organisationsverhältnisse des Embryos zu gewinnen. Waren die auf diese Weise erlangten Resultate auch dürftig genug, so liessen sich doch immerhin schon einige Eigentümlichkeiten erkennen, durch welche die Embryonen unseres Wurmes vor allen bis jetzt bekannten Formen sich auszeichnen.

Der aus der Schale herausgedrückte Embryo erweist sich als ein sehr lichtschwacher, kleiner Körper von elliptischer, der Form des Eies angepasster Gestalt von 0,026 mm Länge und 0,019 mm Dicke, der nach Behandlung mit Essigsäure und Anfärben mit Ammoniakkarmin zellige Zusammensetzung zeigt, obgleich deutliche Zellgrenzen nicht hervortreten. Man erkennt auf dem optischen Querschnitt gegen zwanzig scharf begrenzte und mit Kernkörperchen ausgestatte Kerne, an denen eine weitere Differenzierung kaum nachweisbar ist, höchstens dass einige durch bedeutendere Grösse sich auszeichnen (cf. Fig. 39). An beiden Enden besitzt der Embryo je ein stachelartiges, stark lichtbrechendes Gebilde, über deren Function, namentlich aber über die des hinteren, ich mir vorläufig keine klare Vermutung zu bilden vermochte.

Auf der einen, und zwar meist auf der etwas flacheren Seite, zeigt der Körper eine von einem Ende zum anderen reichende, cristenartige Erhöhung ohne nachweislich zellige Structur, auf der gegen zwanzig starre protoplasmatische Fortsätze stehen. Dieselben sind stark lichtbrechend, am Grunde 0,001 mm dick, und machen mehr den Eindruck von Borsten oder Stacheln; eine Bewegung vor allem war an ihnen nie zu bemerken. Ungefähr in der Mitte zeigt dieser Borstenkamm eine Einkerbung, von der aus die Fortsätze nach den beiden Enden des Embryonalkörpers hingerichtet erscheinen und so zwei von einander getrennte Gruppen bilden (cf. Fig. 39). Das ist alles, was ich vor der Hand an den Embryonen beobachten konnte.

Da ich also zu der Gewissheit gelangt war, dass dieselben im Freien die Eischale nicht verliessen, sondern dass es der Einführung in den Verdauungsapparat der Schnecke bedurfte, um sie aus ihren Hüllen zu befreien, versuchte ich, dieselben an Schnecken zu verfüttern. Diese Einführung konnte bei der Lebensweise der Succineen im Freien auf zweierlei Weise möglich erscheinen. Da die Schnecken sehr gerne in das Wasser gehen und dieses trinkend aufnehmen, so lag einmal die Möglichkeit vor, dass die embryonenhaltigen Eier, die sich ja, wie erwiesen, in Wasser gut und lange hielten, mit diesem von den Tieren auf-

---

[1]) l. c. pag. 487.
[2]) l. c. pag. 66.

genommen, anderseits war es aber auch denkbar, dass sie mit den Futterpflanzen gefressen wurden. Der erstere Weg hat auf den ersten Blick die geringere Wahrscheinlichkeit für sich; denn kommen einmal hier nur diejenigen Eier in Betracht, die mit dem Kote der Vögel gerade zufällig in das Wasser fallen, so werden diese durch dasselbe weiterhin in dem Maasse verteilt und auseinandergeführt, dass eine Infection auf diese Weise als grosser Zufall betrachtet werden muss. Anders bei den Eiern, die mit dem Futter aufgenommen werden. Bereits bei früherer Gelegenheit hob ich hervor, dass die Eier des Distomum macrostomum sich nicht in dem eigentlichen Kote des Wirtes, sondern in der denselben umgebenden Harnschicht vorfinden. Diese Harnschicht nun breitet sich bei dem Herabfallen der Excremente auf ein Pflanzenblatt bei ihrer nahezu flüssigen Consistenz wie ein aufschlagender Wassertropfen viel flächenhafter aus, als die gröberen und trockneren Kotmassen; sie tritt auch mit der Oberfläche des Blattes in eine viel innigere Berührung, welche einmal ein rasches Abspülen durch nachfolgenden Regen verhindert, anderseits aber auch dazu beiträgt, dass selbst bei trockener Luft durch den Wassergehalt des Blattes der Einhalt feucht und lebensfähig erhalten bleibt. Es kommt als förderndes Moment in dieser Hinsicht noch ausserdem in Betracht, dass der ausgebildete Wurm namentlich in jungen Vögeln zur Entwicklung kommt, bei denen ohnehin die Excrementstoffe viel dünner und flüssiger sind, als bei den älteren Tieren.

Von diesen Erwägungen ausgehend, sammelte ich den Kot infizierter Vögel, hielt ihn feucht und brachte ihn zum Teil in Terrarien, in denen ich Succineen hielt, zum Teil streute ich ihn an geeigneten Stellen des Waldes aus. Von mehreren Hunderten von hier nach einiger Zeit entnommener und untersuchter Schnecken gelang es mir zweimal, in der Leber einen kleinen Ballen (0,08 mm) zu finden, von dem vor allem ausser Zweifel gestellt werden konnte, dass er mit der Schnecke in keinem organischen Zusammenhang stand und der auch in seinem Baue Ähnlichkeiten mit gewissen jungen Sporocysten aufwies, dessen Zugehörigkeit zu dem Distomum macrostomum aber nicht zu erweisen war. Über den letzteren Punkt konnten jedenfalls nur weitere Versuche sicheren Aufschluss ergeben; immerhin aber war doch wenigstens die Wahrscheinlichkeit vorhanden, dass diese Gebilde dem Entwicklungscyklus unseres Parasiten angehören möchten.

Bestärkt wurde ich in dieser Vermutung durch eine entsprechende Beobachtung von Wagener[1]. Derselbe spricht sich nämlich dahin aus, es bilde sich der Embryo des Distomum tereticolle direct in die Amme um, weil er in einer Anodonta eine hohle kleine Blase von 0,01 mm mit zwei von ihr ausgehenden dünnen Schläuchen gefunden hatte, die beide zusammen ⅕ mm Länge besassen. Vor allem aber enthielt das Bläschen Zellen, welche in ihrem Habitus stark an die Cerkarienkeime erinnerten.

Obgleich nun die von mir in der Leber der betreffenden Schnecken beobachteten kleinen Bläschen noch keine Schlauchbildung zur Schau trugen, so war doch nach dem eben gesagten durch ihr ganzes Aussehen sowohl, als durch ihr Vorkommen die Annahme nicht ungerechtfertigt, dass sie in den Entwicklungscyklus unseres Wurmes hineingehören möchten.

Dass aber diese Art der Untersuchung, das Ausstreuen des Vogelkotes, sowie das spätere Einsammeln von Schnecken, zu zeitraubend war, ist leicht ersichtlich, ebenso dass die Resultate dieser Methode, unsicher und lückenhaft, wie sie naturgemäss waren, in keinem Vergleich zu der aufgewendeten Zeit und Mühe

[1] Wagener. Zeitschr. f. wiss. Zool. Bd. 9. 1858. pag.

standen. So war es denn im nächsten Jahre mein Bestreben, wenige Succineen möglichst stark zu infizieren ein Zweck, den ich durch ein einfaches Verfahren leicht und sicher erreichte.

Ich verschaffte mir zunächst möglichst viele Eier durch Zerzupfen von geschlechtsreifen Distomen, und brachte dieselben dann mittelst Pipette und Pinsel mit möglichst wenig Wasser auf ein kleines Stückchen Salat. Diese Salatblätter wurden dann in einem kleinen Glasschälchen mit aufgeschliffenem Deckel (Feuchtkammer) an junge Succineen verfüttert, die vorher 1—2 Tage gehungert hatten.

Von diesen infizierten Schnecken wurden zur Controle, ob der Versuch geglückt, zunächst die ersten wieder ausgeschiedenen Exeremente untersucht. In diesen fanden sich denn auch zu meiner grossen Befriedigung ausser zahlreichen, unversehrt durch den Darm hindurch gegangenen noch nicht völlig reifen Eiern auch viele abgedeckelte und ihrer Insassen entledigte Eischalen vor; ein Zeichen also, dass thatsächlich ein Ausschlüpfen der Embryonen und anknüpfend daran wahrscheinlich eine Infection stattgefunden hatte. Bei der unmittelbar darauf vorgenommenen Untersuchung des Darminhaltes konnten jedoch trotz eifrigster und anhaltender Bemühungen freie Embryonen niemals aufgefunden werden. Ich setzte dann den Rest dieser gefütterten Schnecken in besondere Terrarien und untersuchte sie nach 8—14 Tagen genauer. Wiederholt fand ich nun hier die schon vor Jahresfrist beobachteten runden Ballen, die in einzelnen Fällen auch schon einige kleine seitliche Ausbuchtungen getrieben hatten, die ersten Anzeigen einer Verästelung, wie sie später in so ausgedehntem Maasse auftritt. Nach 14 Tagen bis 3 Wochen hatten nun die kleinen Sporocysten ein Aussehen erlangt ganz gleich demjenigen, welches die von Wagener beobachteten Bläschen aufwiesen.

Um nun die noch fehlenden jüngeren, sowie ältere Entwicklungsstadien möglichst alle zur Anschauung zu bringen, wurden erneute und zahlreichere Fütterungen vorgenommen. Dabei wurde ich übrigens noch sehr vom Glück begünstigt, indem ich, trotz des vorgerückten Sommers 1887 mehrere Nester mit jungen Insectenfressern erlangte, die mir wieder reichliche Mengen ausgewachsener Distomen lieferten, so dass ich später einige Hundert infizierter Schnecken zur Verfügung hatte.

Da nun, wie schon früher erwähnt, in den Fäces der Versuchstiere die reifen Eier wohl abgedeckelt waren, im Darm aber trotzdem freie Embryonen nicht beobachtet werden konnten, da ich ferner fand, dass die Eier auch schon im vorderen Teil des Darmes entleert waren, so blieb nur die Annahme übrig, es geschehe das Ausschlüpfen erstens ganz im Anfange des Darmtractus, und weiter es durchsetzen die Embryonen schon ganz kurze Zeit darauf die Darmwände, um in die Leibeshöhle einzudringen. So verweilen sie nur ganz kurze Zeit in dem Darme und können dann begreiflicher Weise im hinteren Theil desselben nicht mehr zur Beobachtung kommen.

Jetzt nahm ich nun Schnecken, die wiederum 12—24 Stunden gehungert hatten, liess sie den mit Eiern bestrichenen Salat fressen und untersuchte bereits nach 10—15 Minuten den Magen sammt Inhalt. Sofort fielen mir lebhaft flimmernde und unstät umherschwimmende, infusorienartige Tierchen auf, in denen ich alsbald trotz ihrer lebhaften Bewegung die Embryonen des Distomum macrostomum wiedererkannte. Ihre Natur als Distomenembryonen offenbarten sie ganz augenfällig dadurch, dass sie nicht um die ihnen entgegenstehenden Hindernisse herumschwimmen, sondern dieselben unter vermehrter Thätigkeit der Flimmerbewegung mit dem Kopfzapfen zu durchbohren versuchten; denn es zeigte sich hier, dass die früher als borstenartige Fortsätze beschriebenen Gebilde thatsächlich Flimmerhaare sind. Sowohl beim Schwimmen als bei diesen Bohrversuchen war der Fleischzapfen am hinteren Körperende lang und dünn ausgezogen und diente, seinen Bewegungen nach zu urteilen, dem Tiere als Steuer (cf. Fig. 37). Nach kürzerer oder längerer Zeit lebhaften, eigentümlich taumelnden und drehenden Umherschwimmens wurden sie allmählich matt und blieben einige Zeit liegen. Während dessen zeigten sie nicht selten Contraction des Körpers so wohl in der Längs-, als in der Querrichtung, Bewegungen also, wie sie beim Durchsetzen des Darmes wahrscheinlich auch ausgeführt werden.

Nachdem ich so die Gewissheit erlangt, dass zum Ausschlüpfen des Embryos das Gefressenwerden des Eies seitens der Schnecke notwendig war, blieb weiter noch die Frage offen, ob diese Entleerung des Eiinhaltes ermöglicht wird lediglich durch die chemische Einwirkung des Magen- resp. Speicheldrüsensaftes oder ob dasselbe mechanisch eine Folge der Wirkung der Radula ist. In letzterer Hinsicht schien der Umstand von Bedeutung zu sein, dass die Entfernung der einzelnen Radulazähne von einander nur wenig verschieden ist von der durchschnittlichen Länge der Eier. Directe Beobachtungen liessen sich hier freilich nicht gut anstellen.

Um die chemische Einwirkung der Magensäfte auf die Eier festzustellen, zerzupfte ich ein Distomum auf einem Objectträger und setzte den Magensaft mehrerer Schnecken hinzu: nach einer Stunde waren fast alle Embryonen ausgeschlüpft.

Hierdurch war klar bewiesen, dass der chemische Reiz des Magensaftes allein im Stande ist, den Embryo zum Verlassen der Eischale zu bringen. In der Folge war ich jederzeit leicht in der Lage, lebende Embryonen zur Ansicht zu bringen. Um bei diesen Experimenten mit möglichst reinem, durch Nahrungsbestandteile wenig verunreinigtem Magensafte experimentieren zu können, warf ich Schnecken, die längere Zeit nichts zu saufen bekommen hatten, in Wasser, nahm sie nach einiger Zeit heraus und schnitt ihnen den Kopf ab. Den jetzt hervorquellenden, prall gefüllten Magen nahm ich vorsichtig heraus, brachte ihn auf einen Objectträger und liess seinen Inhalt unter ein Deckgläschen laufen, unter dem sich bereits Eier in möglichst wenig reinem Wasser befanden. Das Ausschlüpfen ging dann schneller von statten, wenn der Objecttisch auf 18—20° erhitzt wurde.

Die Beobachtung des lebenden, frei schwimmenden Embryos setzte mich nun zwar nicht in den Stand, der bereits früher gegebenen anatomischen Beschreibung wesentlich Neues hinzuzufügen, wohl aber bekam ich über die physiologische Bedeutung verschiedener Eigentümlichkeiten den nöthigen Aufschluss, wie dies bei Gelegenheit schon hervorgehoben worden ist.

In der Nähe des vorderen Körperendes finden sich zwei dunkler hervortretende Stellen. Ferner trifft man in der Mitte des Embryonalkörpers einen Absatz, der namentlich deutlich dann hervortritt, wenn der Embryo fest liegt und die oben beschriebenen Bewegungen ausführt. In der hinteren Körperhälfte tritt ferner regelmässig ein grösserer heller Fleck mit stark lichtbrechenden Körperchen hervor. Von einem Gefässsystem resp. von Flimmertrichtern war dagegen niemals etwas wahrnehmbar.

Diese Thatsachen liefern überdies den Beweis, dass Steenstrup[1] im Irrtum war, wenn er mehrere ovale, sehr lebhafte, flimmerhaarige Tierchen, die er in den ersten Sommermonaten in den Tentakeln der

---

[1] Steenstrup. l. c. pag. 105.

Succineen auffand, und die der Opalina ranarum Ehrenbg. nicht unähnlich waren, für die Jugendformen des Leucochloridium erklärte; es waren dies wirkliche Infusorien, keine jungen Würmer.

Um weiterhin festzustellen, ob die Embryonen auch längere Zeit nach der Ablage der Eier noch lebensfähig bleiben und ihre Schale verlassen, wurden die Eier unter Anwendung der früher schon beschriebenen Vorsichtsmassregeln aufbewahrt und nach vier Wochen in gleicher Weise an hungernde Schnecken verfüttert. Gleich beim ersten Versuch wurden mehrere ausgeschlüpfte Embryonen gefunden. Es ist mir sonach unter Berücksichtigung der früheren Beobachtungen nicht zweifelhaft, dass auch noch nach längerer Zeit, als vier Wochen, bei geeigneter Verfütterung ein Ausschlüpfen der Embryonen und Entwicklung des Keimes stattfindet. Gern hätte ich diese Vermutung durch weitere Experimente geprüft, allein der inzwischen hereingebrochene Winter gestattete dies nicht.

Die lange Lebensfähigkeit des Embryos bei unserem Wurme ist für die Erhaltung der Art von grösster Bedeutung, ein Umstand, der übrigens begreiflich genug erscheint, wenn man bedenkt, wie gering doch eigentlich die Wahrscheinlichkeit einer Infection mit den Eiern für die Schnecke ist und um wie vieles sie noch geringer sein würde, wenn nicht die in Rede stehende Thatsache als förderndes Moment hinzukäme.

War nun, nachdem der richtige Weg einmal eingeschlagen ward, die Auffindung der ausgelaufenen Embryonen im Darm leicht und mit nennenswerten Schwierigkeiten nicht verbunden, so gelang es mir trotz der eifrigsten Bemühungen, trotz wiederholter Fütterungen mit massenhaften Eiern, trotz stundenlangen Suchens niemals, die Embryonen nach der Durchbohrung der Darmwände im Blute oder in den Organen der Schnecken aufzufinden; bei der Kleinheit der Tiere und ihrer zarten Beschaffenheit ist dies jedenfalls nicht zu verwundern.

Ich verliess mich deshalb, um zugleich mein Material nicht allzusehr anzugreifen, auf die Untersuchung mittelst der Schnittmethode. Es wurden in immer grösseren Zeiträumen nach der Fütterung je eine Anzahl der infizierten Schnecken conserviert (½, 1 Tag, 2, 3 und so fort bis 8 Tage, 2, 3 und so fort bis 8, 12 Wochen), so dass mir eine ununterbrochene Entwicklungsreihe der Sporocyste von der Infection an in conserviertem Material zur Verfügung stand.

Bei der nun folgenden Untersuchung stellte sich zunächst heraus, dass die Embryonen bei dem Bemühen, die Darmwand zu durchsetzen, wahrscheinlich den Flimmerkamm einbüssen. Wenigstens war bei den Individuen, welche ich in der Darmwand auffand und die ich mit Bestimmtheit für die Embryonen des Distomum in Anspruch nehmen kann, kein solcher zu bemerken. Definitive Entscheidung möchte ich hierüber jedoch nicht treffen, da alle die hierhergehörigen meiner Präparate aus irgend einem Grunde zu wünschen übrig lassen, und ich nicht mehr in der Lage war, neue Infectionen machen und an besserem Material prüfen zu können. Unwahrscheinlich ist übrigens ein solches Abwerfen der Flimmerung von vorn herein nicht, da es bei mit vollständigem Flimmerkleid ausgestatteten Formen direct beobachtet worden ist.[1]) Zu beachten ist aber, dass bei diesen Formen die Flimmerhaare mit den Zellen des Ectoderms zugleich abgelöst werden; es müsste also bei unserem Tiere entsprechend ein Abwerfen des Ectoderms stattfinden, wenn auch vielleicht nur partiell in Gestalt des Flimmerkammes.

---

[1]) Leuckart. Zur Entwicklungsgesch. d. Leberegels. Zool. Anz. 1881. Sep.-Abd. pag. 3 und Archiv für Naturgesch. 48. Jahrgang. 1. Bd. pag. 58. 1882.

Die Sporocyste und ihre Entwicklung.

Nach der Durchwanderung der Darmwände scheinen die Embryonen sehr bald zu ermatten; sind sie eine grössere oder geringere Strecke in die dem Darme anliegenden Organe hineingedrungen, so bleiben sie an Ort und Stelle liegen. Ein Umtrieb derselben im Schneckenkörper durch das Blut findet nicht statt, so dass jetzt die vielen vergeblichen Bemühungen, die Embryonen im Blut aufzufinden, erklärlich erscheinen. Ubrigens würde eine derartige Beförderung mittelst der Blutwelle auch nur (dann als) geboten erscheinen, wenn etwa die späteren Sitze der aus den Embryonen hervorgehenden Sporocysten von dem Anfangsteile des Darmes sehr entlegen wären; hier aber, wo sämmtliche Eingeweide auf engem Raume dicht verpackt liegen, dürfte dies von vorn herein unnötig sein.

Wie erwähnt, ist die Wanderung der jungen Würmer niemals eine grosse; während einzelne, vielleicht auf irgend eine Art begünstigte verhältnismässig weit sich vom Darme entfernen, gelingt es anderen kaum, die denselben umgebende Bindegewebshülle völlig zu durchsetzen; immer aber sind es nicht die Organe selbst, welche von ihnen aufgesucht werden, sondern nur das diese umgebende Bindegewebe, in welchem jedenfalls das Vordringen ein leichteres ist. Es hängt hiermit auch zusammen, dass eine besondere Auswahl des definitiven Wohnsitzes, resp. eine Bevorzugung eines gewissen Organes nicht stattfindet; denn bei einer halbwegs starken Infection trifft man die jungen, sich entwickelnden Sporocysten in den Bindegewebszügen der Zwitterdrüse ebensowohl, als in der Leber; bemerkenswert ist nur, dass es immer allein die dem Anfangsteile des Darmes dicht anliegenden Teile der genannten Organe sind, welche bewohnt erscheinen.

An der Stelle nun, wo er zur Ruhe gekommen ist, wächst der Embryo zur Sporocyste aus. Dieser Prozess ist im grossen und ganzen ein sehr einfacher, indem er in der Hauptsache zuerst in einem Wachstum durch Vermehrung der Elemente, später dann in einer weiteren Differenzierung derselben besteht.

In den ersten Tagen nach der Verfütterung zeigt sich die Sporocyste als ein kleines Bläschen von mehr oder minder der Kugelform angenäherter Gestalt, das sich nur durch die etwas bedeutendere Grösse (0,035) und den Mangel der Locomotions- und Bohrapparate von dem Embryo unterscheidet; an die Stelle der letzteren ist jetzt eine mit Kernen durchsetzte, distincte Hülle getreten, welche in Gestalt einer zarten Membran die Körpermasse umgibt und dieselbe von dem umgebenden Gewebe der Schnecke scheidet.

Im Inneren ist inzwischen eine merkliche Vermehrung der Zellen eingetreten, welch letztere mehr an den grossen Kernen mit deutlichem Kernkörperchen, als an den nicht eben deutlich hervortretenden Zellgrenzen erkennbar sind. Diese Vermehrung scheint durch eine directe Kernteilung, die leicht zu sehen ist, eingeleitet zu werden; es treten erst zwei Kernkörperchen auf, die, nachdem sie zuerst dicht neben einander lagen, mehr und mehr von einander wegrücken, während zugleich eine Scheidewand die Masse des Kernes in 2 Teile spaltet; später runden sich dann auch diese neuen Kerne ab, indem sie sich zugleich von einander entfernen. Ob auch im Protoplasma Teilungs-vorgänge stattfinden, ist nicht zu sehen, da wie gewöhnlich die Zellgrenzen nicht deutlich sind.

Diese Art der Vermehrung scheint für die jungen Sporocysten die Regel zu sein. Ich fand sie nicht nur bei denen des Distomum macrostomum, sondern auch bei den entsprechenden Entwicklungsstadien des

Distomum hepaticum, die ich zur Vergleichung heranzog, dessen Elemente überdies den Vorzug besitzen, dass sie viel klarer, deutlicher und grösser sind, als die des ersteren.

Ausser der directen kommt aber auch eine Vermehrung der Zellen auf mitotischem Wege vor; bei Distomum hepaticum wenigstens gelang es Leuckart wiederholt, schöne Kerntheilungsfiguren zu beobachten. Bei Distomum macrostomum sind sie, wenn sie überhaupt vorhanden, doch nicht erkennbar.

Die äussere Hülle der Sporocyste besitzt eine Dicke von 0,0005 mm; die in ihr enthaltenen Kerne (0,002 mm) sind oft sehr zahlreich; auf einem einzigen Schnitte zählte ich einmal deren sieben, ein Zeichen, dass das Wachstum ein sehr energisches ist und mit ziemlicher Schnelligkeit vor sich geht. Mitunter hält dieses mit dem des Inhaltes nicht ganz gleichen Schritt, indem die Hülle schneller wächst als die Innenmasse; es bildet sich dann hier zeitweilig ein Missverhältnis heraus, welches aber nicht bestehen bleibt, sondern beim ferneren Wachstum regelmässig wieder verschwindet. Eine analoge Erscheinung konnte auch bei den Keimballen beobachtet werden und war hier nicht nur auf Schnitten, sondern auch an lebenden in ihrer Flüssigkeit schwimmenden Objecten. War ich anfangs geneigt, diese Erscheinung als eine pathologische anzusehen, so blieb es doch auffällig, dass dieselbe so häufig und nahezu stets auf dem gleichen Entwicklungsstadium auftritt, so dass doch die Annahme einer künstlich hervorgebrachten Störung ausgeschlossen erscheint. Was bei den Keimballen die Ursache für ein derartiges ungleiches Wachstum sein mag, kann ich nicht sagen, bei der jungen Sporocyste aber fällt es zusammen mit der ersten Anlage des inneren Hohlraumes, der später bei der reifen Sporocyste das gesammte Schlauchwerk durchsetzt; durch verzögertes Auftreten dieser Höhlung mag vielleicht eine vorübergehende Ungleichmässigkeit im Wachstum der Oberfläche und des Inhaltes eintreten, die aber, wie hervorgehoben, später sich ausgleicht, sowohl bei den Sporocysten, wie bei den Keimballen, so dass die innere Zellenmasse der umhüllenden Haut anliegt, ungefähr wie der Primordialschlauch der Pflanzenzelle der Zellmembran.

Über Entstehung dieser Sporocystenhaut habe ich bestimmtes nicht beobachten können; die Kerne in ihr beweisen, dass sie einen zelligen Ursprung hat.

Das Auftreten der bereits erwähnten inneren Höhlung des Sporocystenkörpers geschieht nicht ganz gleichmässig, aber innerhalb der ersten 8 Tage. Die jungen Sporocysten haben dann eine Grösse von ungefähr 0,035 mm im Durchmesser erreicht und in der Hauptsache ihre kugelige Form bewahrt; im Inneren beginnen nun jetzt die Elemente, die bisher eng aneinander gedrückt, keinen zelligen Character erkennen liessen, zu lockern und als gesonderte, wohl gegeneinander abgesetzte Zellen erscheinen. Sie stellen sich dann als grosse kugelige Gebilde (0,01 mm) mit feinkörnigem Plasma dar, in denen der helle Kern (0,006 mm), meist excentrisch gelegen, mit dem scharf begrenzten Kernkörperchen zu erkennen ist. Auf einem Querschnitte gewährt infolge dieses Aufbaues die Sporocyste auf diesem Entwicklungsstadium einen Anblick, der täuschend an die Structur des Ovariums bei dem ausgebildeten Wurme erinnert. Diesen eizellenartigen Character bewahren die Elemente, welche den Leibesraum der Sporocyste erfüllen, noch bis in das spätere Leben ziemlich lange Zeit fast unverändert bei.

Nach kurzer Zeit, zuerst bei einer Grösse von 0,08:0,06 mm, beginnt der der Membran im Inneren dicht anliegende Zellenbelag sich etwas zu verändern. Es tritt nämlich unter der Membran ein Saum hellen, feinkörnigen Protoplasmas auf, in dem wenige, helle Kerne sichtbar sind: Das erste Auftreten einer gesonderten Hautmuskelschicht in Gegensatz zu dem inneren Keimepithel, eine entsprechende Bildung, wie sie Julin[1]) bei den Orthonectiden fand. In diese Schicht finden wir später die Muskeln gebettet; die Anlage eines Teiles derselben, die Ringmuskulatur, scheint schon kurz vor der Bildung des hellen Saumes zu erfolgen; man sieht wenigstens auf Schnitten an den Stellen, wo die helle Zone noch nicht erscheint, an der Innenseite der Membran Zellen gelegen, deren Plasma sich in lange, peripher verlaufende Fortsätze auszieht, die mit denen der benachbarten Zellen in Verbindung treten (cf. Fig. 48 *MZ*). Die Kerne dieser Muskelzellen, nur noch von wenig Protoplasma umgeben, liegen als buckelartige Hervorragungen der Innenseite der Sporocystenwand dicht an; diese selbst erscheint deutlich doppelt contouriert.

    Die Ringmuskeln, welche ihre periphere Lage dicht unterhalb der Oberhaut beibehalten, werden im Laufe der weiteren Entwicklung immer deutlicher, wenn auch die einzelnen Fasern infolge der Streckung einen geringeren Durchmesser annehmen. Bei einer Sporocyste von 14 Tagen erschienen dieselben auf Schnitten als scharf hervortretende feine Punkte oder zarte Fasern von nur 0,0005 mm Dicke. Das Tier hat während dieser Zeit eine Grösse von 0,2:0,18 mm erreicht und in seinen Teilen eine bedeutende Weiterentwicklung erfahren, indess die der Kugelgestalt genäherte Form auch hier noch ziemlich vollkommen erhalten ist. Scharf tritt die doppelt contourierte Membran hervor; unter ihr liegt die etwas stärker gewordene Hautmuskelschicht, in der, dieser genähert, die Ringmuskeln verlaufen. Der Hautmuskelschicht liegt das Keimepithel in hier meist dreifacher Lage von Zellen an. Dasselbe beginnt jetzt durch eine besondere Haut, die Innenmembran, sich gegen die centrale Höhlung abzugrenzen. Diese Grenzmembran wird wahrscheinlich in derselben Art und Weise wie alle häutigen Gebilde des Sporocystenkörpers ihren Ursprung nehmen; sie besteht wenigstens aus Zellen, deren Plasma flächenhaft ausgebreitet ist und deren Kerne noch später als Verdickungen und Erhebungen sichtbar sind.

    Schon auf diesem verhältnismässig noch jungen Stadium machen sich nun Differenzierungen geltend, die in ihrem weiteren Verlaufe zur Bildung einer neuen Generation von Individuen innerhalb des mütterlichen Sporocystenkörpers hinführen. Es beginnen aus dem Keimlager, dessen Elemente, wie wir schon früher hervorgehoben, so auffällig den Habitus typischer Eizellen zur Schau tragen, einzelne sich herauszulösen und in den inneren Hohlraum des jungen Blasenkörpers hineinzufallen und dort infolge stetiger Teilung zu jenen Gebilden heranzuwachsen, die wir unter dem Namen Keimballen in der Entwicklungsgeschichte, sämmtlicher Distomen wenigstens, als den Ausgangspunkt einer neuen Folge von Individuen kennen gelernt haben.

    Dass diese Keimlinge in der That dem mehrschichtigen Keimepithel entstammen, ist nicht schwer zu erweisen; man findet an dem inneren freien Rande desselben die jungen Keimballen in allen möglichen Stadien der Entwicklung, teils schon frei, teils noch in mehr oder weniger fester Verbindung demselben anliegen.

    Vor der Ausbildung der inneren Grenzmembran fallen diese nun ohne weiteres in den Binnenraum der Sporocyste herein; ist dieselbe aber völlig entwickelt, was meist in der dritten Woche geschieht, so geht dies nicht mehr ohne weiteres an. Sie bleiben dann so lange unter dieser Grenzhaut liegen und treiben diese buckelartig vor sich her, bis sie dieselben durch fortgesetztes Anwachsen zum Platzen bringen und nun frei in den Innenraum gelangen können. Infolge dieses Umstandes wird die Continuität dieser Membran,

---

[1]) Julin. Recherches sur l'organis. et le dévelop. embry. des Orthonectides.

zumal bei jungen Sporocysten, wo die Keimballenbildung eine sehr reichliche ist, beständig gestört und kann bei diesen daher nur selten unverletzt zur Beobachtung kommen. Später verschwindet in ihr auch die zellige Textur mehr und mehr (5 Wochen), bis zuletzt nur noch die Kerne sichtbar sind.

Da die jungen Keimballen, sowie ihre ferneren Schicksale bis zur Umwandlung in die Distomenlarve in einem späteren Abschnitte Gegenstand speziellerer und eingehender Betrachtung sein werden, lassen wir dieselben jetzt ausser Acht und beschäftigen uns ausschliesslich mit der Sporocyste und ihrer fortschreitenden Entwicklung.

In der dritten Woche erfolgt auch die Bildung einer zweiten, unterhalb der früher entstehenden Ringfaserlage gelegenen, longitudinal verlaufenden Muskelschicht. Dieselbe zeigt sich zunächst eine längere Zeit von der Ringmuskellage durch einen breiten Streifen der feinkörnigen, hellen Hautmuskelschicht getrennt; erst später, wahrscheinlich infolge der Dehnung der Sporocystenwand, wird dieser Protoplasmastreifen dünner, und tritt zuletzt so zurück, dass er kaum mehr als besondere Zone zu erkennen ist.

Bis gegen das Ende der zweiten Woche stellt die Sporocyste wie bereits erwähnt, noch einen kleinen Ballen von annähernd kugeliger Gestalt dar; von diesem Zeitpunkte an machen sich nun allenthalben kleine Buckel und Hervorragungen bemerkbar, die ersten Anfänge der später so massenhaft auftretenden Verästelungen. Diese kleinen Höcker nehmen bald an Grösse zu, so dass man in der dritten Woche schon mit blossem Auge kleine Schläuche wahrnehmen kann; je älter dann die Sporocyste wird, je weiter sie wächst, um so grösser wird die Zahl ihrer Ausläufer. Dass diese Proliferation erfolgt, um einerseits die aufnehmende Oberfläche zu vergrössern und andererseits für die massenhaft erzeugte und im Inneren verbleibende Brut den nötigen Raum zu schaffen, ohne Ernährungsstörungen herbeizuführen, scheint unschwer erklärlich.

Bald reichen denn auch die primären Verästelungen nicht mehr aus und es beginnen die bis jetzt einfachen Schläuche selbst wieder Seitenzweige zu treiben (5. Woche). Zuerst ist dies bei den ältesten Schläuchen der Fall und zwar wiederum zunächst an ihrem ältesten Teile, der Basis.

Es hängt diese Thatsache mit dem bereits früher vorgreifend erwähnten Umstande zusammen, dass das Wachstum des Schlauches ganz ähnlich, wie dies von den Wurzelfasern der Pflanzen bekannt ist, nur in der Nähe der Spitze stattfindet. Man kann sich von der Wahrheit des Gesagten leicht an Schnitten durch verästelte Schläuche von 6—7 Wochen Alter überzeugen, wenn man den histologischen Bau der Spitze des wachsenden Schlauches mit dem der Basis desselben vergleicht.

So sieht man z. B. an Längsschnitten eines wachsenden Schlauch der jungen Sporocyste an der Basis die quergeschnittenen Ringmuskeln als grosse Punkte auftreten. Nach vorn zu werden diese aber immer feiner, bis sie zuletzt in der Nähe der Spitze gar nicht mehr constatiert werden können, so dass also die Ringfasern im ganzen ein Verhalten darbieten, vollkommen gleich dem, wie es die ersten sich entwickelnden Fasern bis zu ihrer völligen Ausbildung in der jungen Sporocyste zur Schau trugen (cf. Fig. 12).

Es entstehen diese Proliferationen durch lokal verstärktes Wachstum der Sporocystenwand, indem zunächst das Keimepithel stark wuchert und die ganze Schlauchwand buckelartig nach aussen hervortreibt. Es entsteht so ein anfangs noch ganz solider, von Embryonalzellen gebildeter Zapfen, dessen Elemente ursprünglich noch alle die gleiche Beschaffenheit zeigen. Während nun aber die Spitze weiter wächst, machen sich an den älteren Teilen alle die Umbildungen geltend, die wir bereits kennen, und es tritt zugleich durch allmähliches Auseinanderweichen der Wandzellen eine zentrale Höhlung auf, die, von dem Innenraum der

Sporocyste ausgehend, immer weiter in den sich bildenden Schlauch vordringt. Die weitere Metamorphose der Wandbestandteile nimmt dann ganz den gleichen Verlauf, wie wir ihn bereits früher kennen gelernt haben. Die Weiterentwicklung der Sporocyste besteht in der folgenden Zeit äusserlich zunächst und vorzugsweise in einer Verlängerung und Vermehrung der Verzweigungen, die nach und nach eine äusserst reichliche Ausbildung erfahren. Mit 8 Wochen haben die ältesten dieser Ausläufer bereits eine recht bedeutende Länge erreicht; einzelne sind bis 3,5 mm Länge herangewachsen (cf. Fig. 40—46).

Das Hervorwachsen der secundären Seitenäste hat dabei natürlicherweise auch Fortgang genommen, doch schreitet die Entstehung derselben nicht schneller nach vorn, als die Spitze des primären Schlauches weiterwächst, so dass dabei immer die jungen eben entstehenden dieser Sprossen eine gewisse Strecke hinter der Spitze des primären Schlauches zurückbleiben (cf. Fig. 46); sie hören ungefähr in der Mitte (1,8 mm) desselben auf, sind, wie zu erwarten, hier am kleinsten und nehmen nach der Basis hin allmählich an Grösse zu. Infolge dieses Umstandes scheinen die unverästelten Teile der wachsenden Schläuche um so länger aus dem Gewirrdes übrigen Genistes hervorzuragen; erhöht wird dieser Eindruck noch durch die kolbige Anschwellung, welche dieselben bald an ihrer Spitze erleiden, eine Anschwellung, die in letzter Instanz hinführt zur Bildung jener merkwürdigen, fast selbstständigen Organe, die unsere Sporocyste vor allen übrigen bis jetzt bekannten Arten auszeichnen.

Die gesammten Eigentümlichkeiten, welche diese Organe in fertigem Zustande in anatomischer sowohl, wie in histologischer Hinsicht aufweisen (cf. pag. 13 und 15 ff.), sind nach ferneren vier Wochen in der Hauptsache vollendet, so dass wir sagen können, es ist ungefähr ein Vierteljahr notwendig zur Entwicklung vom Embryo bis zur völligen Ausbildung der ersten reifen und gefüllten Leucochloridiumschläuche. Von diesem Zeitpunkt an beschränkt sich die Lebensthätigkeit der Sporocyste in der Hauptsache auf die Entwicklung weiterer Depots für die produzierten Larven, die schliesslich, wenn keine davon gefressen werden, in ganz bedeutender Anzahl nebeneinander sich finden (cf. Fig. 2). Rechnen wir hierzu weiter, dass, wie meine eigenen Erfahrungen gelehrt haben, die eigentlichen Sporocysten nicht nur einmal, sondern zwei, vielleicht auch noch ein drittes Mal überwintern und wahrscheinlich nur durch den Tod des Wohntieres zu Grunde gehen, so ergiebt sich daraus die Thatsache, dass ein einziges Ei unseres Distomum macrostomum im Stande ist, natürlicherweise unter günstigen Bedingungen, eine Nachkommenschaft zu erzeugen, so enorm, dass vielleicht nur wenige seiner Verwandten in dieser Beziehung sich mit ihm messen können.

Wie aber unserer heutigen Erkenntnis entsprechend nichts in der gesammten lebenden Schöpfung überflüssig und ohne bedeutungsvollen Grund bestehend erkannt wird, so steht auch hier die ausserordentliche Productivität der Sporocyste in directer und augenfälliger Beziehung zu der geringen Wahrscheinlichkeit, welche es für die Beförderung der Brut an den rechten Ort für erfolgreiche Weiterentwicklung darbietet. Denn es ist klar, dass die reifen Leucochloridien dadurch, dass sie so täuschend gewisse Insectenlarven nachahmen, in hohem Maasse die Aufmerksamkeit ihrer Feinde auf sich lenken und dieselben geradezu zu ihrer Vertilgung auffordern[1]); es ist weiter klar, dass in der That eine ganze Anzahl von Vögeln begierig die Schläuche verzehren und deren Inhalt in sich aufnehmen; aber unsere Versuche sowohl, wie die früheren von Zeller haben jedenfalls unzweifelhaft dargethan, dass von allen diesen Vögeln immer nur ein geringer

---

[1]) cf. Zeller. l. c. pag. 576.

Prozentsatz auch in der Lage ist, die von ihnen aufgenommenen Larven zur vollen Entwicklung bis zur Geschlechtsreife zu bringen. Schon hieraus ergibt sich, dass bei weitem nicht alle der erzeugten Keime für die Erhaltung der Art in Betracht kommen können und dass es infolge dieses Ausfalles einer beträchtlich erhöhten Productivität der Sporocyste bedarf.

Es kommt hierzu aber noch ein zweites. Wir können jetzt als ausgemacht betrachten, dass es in der Hauptsache nur junge Vögel sind, welche vorzugsweise die Distomenbrut in ihrem Darme gross zu ziehen vermögen. Je älter die Vögel werden, desto mehr schwindet diese Fähigkeit, desto mehr schwindet zugleich die Fähigkeit, die bereits ausgebildeten und im Darme befindlichen Parasiten daselbst zu erhalten. Ich habe oft genug Gelegenheit gehabt, zu beobachten, dass von Vögeln eines und desselben Nestes, die alle mit der gleichen Anzahl von Schläuchen gefüttert worden waren, die einen, wenn sie einige Wochen nach der Infection untersucht wurden, eine beträchtliche Menge reifer und gut entwickelter Parasiten in ihrem Darme zeigten, während diejenigen, die länger am Leben gelassen wurden, nach kurzer Zeit fast täglich in dem entleerten Kote abgestorbene Parasiten zeigten und schliesslich bei späterer Untersuchung nur noch ganz wenige oder gar keine Insassen mehr besassen. Es erhellt also aus diesen Befunden, dass der ausgebildete Wurm jedenfalls eine lange Lebensdauer nicht besitzt, dass ebenso die günstigsten Aussichten für seine volle Entwicklung und Ausbildung zwischen weiten Grenzen nicht eingeschlossen sind. Endlich sind auch für die von den geschlechtsreifen Distomen produzierten Eier die Bedingungen, unter denen der in ihnen enthaltene Embryo sein weiteres Fortkommen finden kann, wie wir dies bereits oben hervorgehoben haben, nicht grade die günstigsten; begreiflich, dass unter solchen Umständen die Sporocyste durch reichliche und ausgiebige Production von Keimen dafür Sorge tragen muss, den Ausfall, der durch die Ungunst der betreffenden Bedingungen für das erfolgreiche Fortkommen der Brut veranlasst wird, in der nötigen Weise zu decken.

Über die äusserlich sichtbaren Veränderungen, welche die jungen, eben angelegten grossen Schläuche erfahren, bis sie zu ihrer vollen Grösse und Reife herangewachsen sind, ist bereits an früherer Stelle Ausführlicheres mitgeteilt worden (cf. pag. 12 ff.), so dass wir hier darauf verweisen können. Ein Umstand erscheint mir aber an dieser Stelle noch erwähnenswert, dass nämlich, wie dies auch sonst im Tierreiche des öfteren beobachtet worden ist, die Grösse des Tieres in einer gewissen Correlation steht zu der Ausdehnung seines Wohnortes. Es zeigt sich oft ganz augenfällig, dass in noch kleinen und jungen Exemplaren der Succinea die grossen Schläuche, obgleich sie völlig reif und ausgefärbt sind, bei weitem nicht die Länge und Dicke erlangen, wie in einer älteren und grösseren Schnecke.

Während derselben Zeit hat auch die Wandung der Sporocyste sowohl, wie die des sich ausbildenden Schlauches eine bedeutende Weiterbildung und Umformung erfahren, die ebenfalls schon oben (cf. pag. 15 ff.) des näheren beschrieben worden sind. Es erübrigt hier nur noch, etwas näher auf das Keimepithel und seine Schicksale während des Wachstums des Ganzen einzugehen.

Wir haben bereits gesehen, dass die jugendliche Sporocyste ursprünglich aus einem gleichmässigen, embryonalen, von der Hautschicht umschlossenen Grundgewebe bestand, welches sich später in dem peripheren Teile zur Hautmuskelschicht differenzierte und nach innen durch eine Membran sich gegen die vorher entstandene Schlauchhöhle abgrenzte. Wir sahen weiter, dass aus der zwischen der Hautmuskelschicht und der Binnenmembran gelegenen, mehrfachen Lage embryonaler Zellen die Keimballen ihren Ursprung nahmen; gewöhnlich zeichnen sich die am meisten nach der Höhlung zu gelegenen, älteren Zellen durch eine etwas bedeutendere Grösse vor denen der tieferen Schichten aus.

Während also bei diesen jugendlichen Sporocysten der gesammte, den Innenraum auskleidende Zellenbelag noch ein einheitliches, zusammenhängendes Keimlager repräsentiert, aus dem die Keimballen in grosser Menge und in schneller Folge ihren Ursprung nehmen, treten bei dem weiteren Wachstum der Schläuche die bereits früher eingehend dargestellten Veränderungen auf, infolge deren auch das Keimepithel in seiner Continuität gestört und auf bestimmte Stellen der Wand lokalisiert wird. Ist nun schon von vornherein zu erwarten, dass an diesen isolierten und älter gewordenen Keimlagern die Production weiterer Nachkommen nicht mehr eine so rege und lebhafte sein wird, wie in früherer Zeit, bedenkt man weiter dass in den älteren Sporocysten jene Keimlager immer spärlicher werden und sich immer weniger aus dem übrigen Wandbelag hervorheben, so wird begreiflich werden, dass die Erkenntnis und vor allem der directe Nachweis des wahren Sachverhaltes sehr schwierig war.

Die Keimballen.

Die Entstehung der Keimballen aus der ursprünglich continuirlichen, später in einzelne kleine Inseln zertheilten Lage embryonaler Zellen in der Wand der Leucochloridiumschläuche ist bereits mehrfach erwähnt worden.

Wir sahen, dass bereits nach 14 Tagen die Höhlung der jungen Sporocysten mit Keimkörpern verschiedener Entwicklung erfüllt ist. Es wurde auch hervorgehoben, dass auf einem so frühen Entwicklungsstadium noch leicht der Nachweis gelingt, dass jedesmal es eine einzelne, dem Keimepithel der Sporocystenwand entstammende Zelle ist, die den Ausgangspunkt zur Bildung der neuen Nachkommenschaft liefert. Entspricht also schon in dieser Hinsicht eine solche Keimzelle functionell vollkommen der Eizelle des Geschlechtstieres, so ist auch die Übereinstimmung im äusseren Habitus beider Elemente schon mehrfach als eine ganz augenfällige hervorgehoben worden, so dass eine Gleichstellung, wie sie von Leuckart für beiderlei Gebilde in Anspruch genommen worden ist, ihre volle Berechtigung hat.

Die Keimzellen (0,01 mm) besitzen ein feinkörniges Plasma und hellen, excentrisch gelegenen Kern (0,006 mm) mit stark contouriertem Kernkörperchen. Eine Zellenmembran haben sie eben so wenig wie die Eizellen. Diese erste Embryonalzelle teilt sich nun in 2, 3 und mehr Zellen, von denen gewöhnlich eine die anderen an Grösse etwas überragt. Der so entstandene Keimballen bildet auf diesem Stadium einen Zellenhaufen von brombeerartigem Aussehen, an dem vorläufig keine weiteren auffälligen Bildungen zu sehen sind. Die Vermehrung der Zellen scheint auf directem Wege zu erfolgen, denn man findet häufig Kerne mit zwei oder mehr Kernkörperchen, sowie Zellen mit zwei oder drei Kernen. Die Teilung des zugehörigen Protoplasmas ist schwieriger zu beobachten; einmal aber war ich in der Lage, eine Teilung im Protoplasma als deutliche scharfe Linie sehen zu können.

Der erste Fortschritt in der Entwicklung, welchen das neu entstandene Wesen erkennen lässt, ist wiederum die Differenzierung einer Hautschicht. Schwarze[1] lässt dieselbe durch allmähliche Umwandlung

---

[1] l. c. pag. 9.

der peripheren Zellen des Keimkörpers, die er Meristemzellen nennt, entstehen, indem „jede Zelle selbstständig in diesen Umwandlungsprozess eintreten soll, so dass man selten mehr als drei in der Metamorphose begriffene Zellen an einer Keimkugel bemerkt. Demnach hat die Hautschicht zwar einen zelligen Ursprung, doch gruppieren sich die Zellen nie zu einem eigentlichen Epithel; man kann derartige, in der Umwandlung begriffene Zellen noch an jungen Cerkarien, bei denen der Schwanz angelegt ist, erkennen".

Demnach will es mir scheinen, als ob Schwarze sich das mit der Grössenzunahme des Keimballens verbundene Flächenwachstum dieser Hautschicht so erklärt, dass von der Körpermasse aus immer neue der Peripherie nahe gelegene Zellen sich umwandeln und in den Complex der bereits metamorphosierten Hautzellen, jedenfalls durch Auseinanderweichen dieser letzteren, aufgenommen werden. Dieser Ansicht kann ich nun nach den Beobachtungen, welche ich an unserem Tiere machte, nicht zustimmen. Schon dass zwar alle peripheren Zellen, zu gleicher Zeit aber nicht mehr wie drei den Umwandlungsprozess eingehen sollen, ist etwas ungewöhnliches, denn ein einigermassen plausibler Grund für diese Bevorzugung der Dreizahl scheint mir kaum erbringlich; auch konnte ich bei meinen jungen Keimballen nicht drei, sondern oft sieben und mehr Kerne in der entstehenden Hautschicht auf einem einzigen Schnitte ringsherum zählen. Demnach wäre es jedenfalls wahrscheinlicher, dass alle peripheren Zellen zu gleicher Zeit sich aus dem Verbande der übrigen Keimzellen loslösen und die Membran bilden, so dass deren Flächenwachstum dann durch allmähliche Ausbreitung dieser Zellen vor sich ginge. Aber auch dies scheint mir nicht richtig, und zwar aus folgenden Gründen.

Schon früher erwähnte ich, dass es ein häufiges Vorkommen sei, dass das Wachstum des Keimballens und der ihn umgebenden Haut sich nicht immer das Gleichgewicht hält, dass vielmehr die letztere zu Zeiten eine schnellere Grössenzunahme aufweist, als jener. Ein solches Verhalten ist aber mit der Schwarze'schen Ansicht nicht zu vereinigen, vielmehr nur denkbar, wenn beide Teile ein selbstständiges Wachstum haben, in ihren Elementen also nicht direct von einander abhängig sind. Es würde also hieraus hervorgehen, dass die Hautschicht, nachdem sie sich einmal als besonderes, von den übrigen Zellen des Keimballens gesondertes Gebilde differenziert hat, von diesem keine neuen Elemente mehr aufnimmt, sondern sich durch seitliche Teilung ihrer Zellen vergrössert, ganz ähnlich wie es Schauinsland für die Elemente der Hüllmembran bei den Embryonen beschreibt.

An noch ganz jungen Keimballen, die nur ungefähr sechs Kerne im optischen Durchschnitte zeigten, fand ich eine grosse calottenförmige Zelle mit deutlichem Kern, welche fast die Hälfte des Ballens umfasste und deren Plasma sich stets heller als das der übrigen Zellen färbte. Nicht selten traf ich auch Hüllzellen an, deren Kern aus zwei einander dicht angelagerten Teilen bestand, die, wenn auch das Plasma keinerlei Teilungserscheinungen aufwies, doch als Anzeichen einer stattfindenden Spaltung aufgefasst werden konnten. Hiernach scheint es mir, als ob auch die Anlage dieser Haut in derselben Art und Weise erfolgt wie es Schauinsland für die Hüllmembran der Embryonen nachgewiesen hat.

Bei einer Grösse von ungefähr 0,025 mm, zu einer Zeit, wo sich ungefähr 12 Kerne im optischen Durchschnitte zählen lassen, ist der Keimling schon völlig von der Hautschicht umschlossen.

Später, wenn derselbe auf 0,075 mm herangewachsen ist, finden wir um ihn herum unter der oberen Hautschicht noch eine zweite Hautlage von ganz der gleichen Beschaffenheit gelegen; über Art und Entstehung dieser habe ich nichts bestimmen können. Die obere ist jetzt gegen die Einwirkung des Wassers sehr empfindlich geworden und saugt sich stark mit demselben voll, während die untere ganz unverändert dem Keimkörper dicht anliegen bleibt. Bemerkenswert ist hierbei, dass die Kerne, welche ebenfalls beträchtlich aufquellen, völlig frei in dem hierbei entstehenden Hohlraum zu liegen scheinen (cf. Fig. 51). Setzt man dem Wasser noch etwas Essigsäure (1:500) zu, so sieht man grosse Blasen in ihr entstehen, die nach einiger Zeit platzen. Bei den entwickelten Larven war eine solche doppelte Haut nicht mehr nachzuweisen: entweder war sie innerlich verändert und homogen, und infolge der durch das Wachstum bedingten Dehnung sehr dünn geworden, so dass sie der unteren Schicht ganz dicht auflag und nicht mehr nachzuweisen war, oder sie war völlig verschwunden, so dass wir hier ein Beispiel der Häutung der Larve während ihrer Entwicklung vor uns hätten.

Kurze Zeit nach der Bildung der ersten Haut (bei einer Grösse der Larve von 0,025 mm), kann man unter dieser einen hellen schmalen Saum wahrnehmen, der im deutlichen Gegensatz steht zu dem inneren sich dunkel färbenden Teil; wahrscheinlich haben wir hier eine der Hautmuskelschicht der Sporocyste entsprechende Bildung vor uns, aus der anscheinend der gesammte Hautmuskelschlauch nicht nur, sondern auch das Körperparenchym seinen Ursprung nimmt, während aus dem inneren Teile die verschiedenen Organe entstehen. Doch konnte etwas Bestimmteres über die Vorgänge nicht beobachtet werden, da die jungen Keimballen mit zunehmendem Alter bald undurchsichtig werden. Es kommt hierzu als ein fernerer Übelstand, dass die Objecte auch Wasser nicht vertragen und in Glycerin ein gleichmässig granuliertes Aussehen annehmen. Auch Essigsäure bewirkt hier keine Aufhellung, sondern erteilt der ganzen Masse ein bräunliches, trübes Aussehen. Da ich schon früher erkannt hatte, dass die Ursache hiervon eine Anhäufung von Nahrungselementen in den Zellen der Keimballen war, so versuchte ich durch Hungernlassen der Schnecken diesem Übel abzuhelfen, hatte hiermit jedoch keinen Erfolg. Auch die Anwendung mannigfacher chemischer Agentien hatte keine bedeutende Vorteile im Gefolge. Die besten Resultate erzielte ich noch mit Benzin und der Brass'schen Flüssigkeit.[1]) Wurden dann die ganzen Sporocysten mitsammt ihrem Inhalte schwach mit Hämatoxylin oder Boraxkarmin gefärbt, in Kanadabalsam gebracht und dort erst zerzupft (Glycerin ist hier wieder unbrauchbar), so erhielt ich Präparate, in denen sich die Anlage und allmähliche Entwicklung der einzelnen Organe gut verfolgen liess, wenn auch zur genaueren Beobachtung, namentlich der histologischen Details, Schnittpräparate unumgänglich notwendig waren.

Schon bei einer Grösse von 0,05—0,055 mm kann man im dunklen Teile des Keimballens eine zarte Contour wahrnehmen, welche einen rundlichen Zellhaufen aus der übrigen Körpermasse abgrenzt. Während nun der Keimkörper sich etwas zu strecken beginnt und eine mehr ovale Gestalt annimmt, folgt dieser ersten weiter hinten eine zweite solche Linie: die Grenzmembranen der Saugnäpfe, innerhalb deren nach ganz kurzer Zeit auch schon die Entstehung des Lumens zu erkennen ist.

Bei zarter Tinction kann man jetzt deutlich die helle äussere Körperschicht von grossblasigem Aussehen von der dunklen inneren, organbildenden Masse unterscheiden, die sich in mehrere Gruppen, anscheinend drei, zu sondern anhebt. Doch lassen sich genauere Beobachtungen über das weitere Verhalten

---

[1]) Brass. Biologische Stud. Halle a/S. 1883. I. Teil. (1 gr. Chromsäure, 1 gr. Platinchlorid, 120 Wasser; und auf je 100 gr. Wasser 1—3 Tropfen Essigsäure.)

dieser Zellencomplexe und namentlich über deren Beziehungen zu den später auftretenden Organen der Undurchsichtigkeit der Massen halber mit Sicherheit nicht anstellen.

Bei einer Grösse von 0,18:0,13 mm zeigt die Larve die ersten Contractionen; die Saugnäpfe, sowie der kurze Zeit nach diesen angelegte Pharynx heben sich jetzt deutlich als spezifische Gebilde hervor. Die Anlagen von Darm und Excretionsgefässsystem sind ungefähr bis in die Höhe des Bauchsaugnapfes vorgeschritten und treten bei dem lebenden Tiere als gerade oder nur wenig gebogene helle, beim conservierten und gefärbten Objecte als dunkle, gegabelte Stränge heraus. Die im Hinterkörper gelegene Genitalanlage erscheint noch nicht gesondert; man sieht sie als noch compacte Masse der Hinterseite des Bauchsaugnapfes dicht anliegend und nur durch eine seichte Einkerbung von diesem getrennt. Erst später, wenn die Larve auf 0,35:0,16 mm herangewachsen ist, hat sie sich soweit von demselben abgetrennt, dass wir sie als einheitlichen rundlichen Ballen im hinteren Leibesende vorfinden. Verhältnismässig spät trennen sich aus diesem die einzelnen Drüsen ab; es haben dann auch der Darm, die Excretionsgefässe, sowie das Nervensystem ihre völlige Ausbildung erlangt.

Mit dem hellen äusseren Saum sind inzwischen auch Veränderungen vor sich gegangen; die ursprünglich aus deutlichen, blassen und runden Zellen bestehende Masse hat sich zuerst am Kopfe, dann weiter nach hinten fortschreitend, allmählich ganz in die typische Form der Körpergrundsubstanz verwandelt. Zur Zeit der Isolierung der Genitalanlage haben wir nur noch im äussersten Hinterteile des Körpers die früher indifferente Beschaffenheit desselben vor uns.

Es erübrigt nun die bei diesen Entwicklungsvorgängen stattfindenden

histologischen Prozesse

etwas näher in's Auge zu fassen. Was zunächst die

Hautmuskelschicht anlangt, so wird die dreifache Muskulatur des ausgebildeten Tieres selbstverständlich schon während der Larvenperiode in ihrer späteren, typischen Form vorgebildet, doch ist es mir nie recht gelungen, die ersten Anfänge der Muskelbildung zu Gesicht zu bekommen. Gewöhnlich bemerkt man erst das Vorhandensein der Muskelbildung bei verhältnismässig alten Larven (0,18:0,13 mm). Ich kann daher auch nur wenig über die Bildung dieser Muskeln angeben. Die Ringzüge sind die zuerst entstehenden und auf Schnitten nachweisbaren, wie denn auch die kurz vorher erwähnten frühesten, selbstständigen Bewegungen der jungen Larven in einer Contraction dieser eben gebildeten zirkulären Muskelzüge bestehen. Da in denselben Kerne nachweisbar sind, so glaube ich, dass dieselben ganz ähnlich entstehen, wie wir dies früher von den Muskeln der Sporocyste kennen gelernt haben. Erst später folgt der Bildung dieser Ringfaserschicht die der Längs- und Diagonalfaserlage.

Der Veränderungen, welche das Körperparenchym erleidet, ist schon oben kurz gedacht worden. Es bildet ursprünglich eine gleichmässig homogen sich färbende Masse, aus der nur helle Kerne mit deutlichem Kernkörperchen heraustreten. Mit dem Auftreten der Parenchymmuskelzüge erhält es nach und nach, durch den parallelen Verlauf der Fasern bedingt, eine regelmässig säulenförmige Structur, die sich namentlich auf Schnitten deutlich ausgeprägt zeigt. Schon Leuckart[1]) beobachtete dies anscheinend

---

[1]) Leuckart. Die Parasiten des Menschen. pag. 14. II. Teil.

eigentümliche, lamellöse Verhalten des Parenchyms, ohne jedoch zu entscheiden, ob es allein eine Folge der Parenchymmuskelentstehung ist.

Man kann jetzt auch die Elemente des ursprünglichen Gewebes deutlicher erkennen: es besteht aus grossen, membranlosen Zellen mit stark sich färbendem Plasma, deren Kerne gross, hell und mit stark hervortretenden Kernkörperchen ausgestattet sind. Auch diese Zellen haben, gerade wie die ursprünglichen Inhaltszellen der Sporocyste, einen indifferenten, entschieden eizellenartigen Character, der erst mit dem Wachstum und den weiteren Umbildungen, welche das Gewebe erfährt, verloren geht.

Diese Umwandlung des Gewebes schreitet, wie schon gesagt, von vorn nach hinten fort und beginnt zuerst in der Mittellinie des Körpers, von da nach der Körperwand zu fortschreitend, so dass man im Centrum zuerst umgewandelte, heller gewordene Partien antrifft, während die peripheren Teile noch völlig den embryonalen Typus tragen. Ein derartiges noch in der Umwandlung begriffenes Körperparenchym ist von Looss[1]) für das als Larve zu betrachtende Distomum reticulatum beschrieben worden, bei welchem in der Körpermitte bereits umgewandeltes Gewebe zu treffen war, während die peripheren Teile noch einen indifferenteren Character zur Schau trugen (cf. Fig. 59).

Noch zur Zeit, wo das Tier die erste Häutung eingeht (8 Wochen), besitzt ein breiter Streifen des Körperrandes das gleichmässige Aussehen, ja, einige Teile desselben bewahren es, bis der Wurm in den Vogel gelangt, um sich erst hier zu einem spezifischen Gebilde, zu den Dotterstöcken, umzuwandeln.

Die Entstehung der das Parenchym durchziehenden Muskelfasern lässt sich im Gegensatz zu den Muskeln der Haut klar und deutlich verfolgen; es entstehen dieselben durch Aneinanderlagerung von Zellen, deren Plasma sich lang auszieht. Am klarsten sind diese Verhältnisse sichtbar an den von der Körperwand nach den Saugnäpfen ziehenden Fasern; man kann bei jungen Stadien sogar die Anzahl der Zellen bestimmen, welche solch einen Muskel zusammensetzen, da die Kerne sich ziemlich stark aus dem lang und dünn sich ausziehenden Plasma herausheben. Bei dem zunehmenden Wachstum und der damit verbundenen Streckung werden dieselben jedoch immer dünner und flacher, so dass sie später nur noch sehr selten als Gebilde spezifischer Natur zu erkennen sind. Es ist deshalb auch kaum zu verwundern, dass dieselben nicht öfter beobachtet werden; nur Kerbert[2]) gelang es bei Distomum Westermani, Kerne mit Sicherheit in den Muskelfasern zu constatieren.

Der Darmtractus. Die Bildung der die Saugnäpfe zuerst gegen die übrige Körpermasse abgrenzenden Membran erfolgt in derselben Weise, wie wir es früher bei anderen häutigen Gebilden des Tieres kennen lernten. Zuerst ist sie von Schwarze[3]) beschrieben worden. Das Lumen der Saugnäpfe fässt derselbe durch Einstülpung sich bilden. War mir nun schon von vorn herein eine solche Entstehung des Lumens durch „Einstülpung" sehr unwahrscheinlich, so gelang es mir auch nicht, bei der Larve des Distomum macrostomum auch nur die Spur eines Prozesses aufzufinden, der mit dem Namen eines Einstülpungsprozesses belegt werden könnte. Vielmehr fand ich, dass das Lumen durch Spaltung und allmähliches Auseinanderweichen der central gelegenen Zellschichten entsteht. Der Vorgang ist hierbei folgender:

Nachdem die durch die Membran nach aussen begrenzten beiden Zellhaufen eine Zeit lang das

---

[1] l. c. pag. 432.
[2] l. c. pag. 544.
[3] l. c. pag. 13.

indifferente Aussehen des Urmeristems (Schwarze) bewahrt haben, tritt in ihrem Inneren eine Differenzierung auf, indem die Bestandteile verschiedene Tinctionsfähigkeit annehmen und zwar so, dass ein äusserer hellerer und ein innerer dunklerer Teil entsteht, welch letzterer als solider Zapfen in die hellere Umgebung eingesenkt erscheint. Während in der äusseren Zone vor der Hand keine Weiterbildung bemerkbar ist, metamorphosieren sich die Zellen des Zapfens, wobei sie heller werden und ihre Kerne sowohl wie ihre Grenzen mehr und mehr hervortreten lassen. Bei zunehmendem Wachstum der Larve beginnt nun dieser Zapfen in seiner Mitte allmählich von vorn nach hinten sich zu spalten, indem die Zellen auseinander weichen und so ein Lumen zwischen sich nehmen. Auf ganz die gleiche Art, durch Spaltung, geschieht auch die Bildung des Lumens bei dem Pharynx und dem Darme, ebenso wie bei den Hauptstämmen des Excretionsgefässsystems und den Geschlechtswegen, kurz, so weit ich es beobachten konnte, bei allen röhrigen Organen des Larvenkörpers.

Dass das Lumen der paarigen Darmschenkel auf diese Weise entsteht, hat auch Schwarze[1]) bei seinen Cerkarien gesehen, während er für den Pharynx und den unpaaren Darm eine Entstehung des Lumens auf noch andere Weise in Anspruch nimmt, nämlich durch Zerfall der axialen Zellen. Er schreibt hierüber: „Die axialen Zellen erfahren eine eigentümliche Metamorphose. Sowohl die Kerne wie das Plasma werden allmählich heller und nehmen an Grösse zu. Schliesslich schwindet das Plasma durch Resorption oder Ausleerung nach aussen, wodurch das Darmlumen entsteht." Es sind dies augenscheinlich dieselben Umbildungsvorgänge, wie ich sie oben bei den Zellen des Zapfens in den Saugnäpfen beschrieben habe. Schwarze' fährt dann fort: „Die Zellkerne der axialen Zellen sind noch ziemlich lange innerhalb des Lumens nachweisbar."

Anfangs glaubte ich nun diesen Zerfallprozess und die Producte desselben auch bei meinen Larven zu sehen. Ich beobachtete auf meinen Schnittpräparaten nämlich im Mundsaugnapfe und Pharynx stets viele Zellkerne, deren Auftreten ich mir nur mit Hülfe der von Schwarze gegebenen Deutung erklären konnte; dass das Lumen hier durch Zerfall der axialen Zellen gebildet werde, obgleich es mir nicht recht plausibel erscheinen mochte, dass hier auf einmal ein so grundsätzlich verschiedener und auch sonst kaum beobachteter Prozess der Lumenbildung statt haben sollte. Spätere Beobachtung an Objecten, die, um jedes Kunstproduct zu vermeiden, mit grösstmöglicher Sorgfalt behandelt worden waren, ergaben denn auch die völlige Berechtigung dieser Zweifel. Auf Präparaten, die ich vor dem Einschmelzen mit Celloidin behandelt hatte und an denen die zartesten Verhältnisse wohl erhalten waren, fand ich, dass ein Auswerfen von Zellenelementen nach aussen nicht statt findet, dass dieselben vielmehr der Wand aufliegen bleiben und bei zunehmendem Wachstum der Larve allmählich alle in die das Lumen des Saugnapfes und Pharynx auskleidende, zuletzt einschichtige Zellenlage aufgenommen werden. Ein Loslösen einzelner Kerne und ein Auftreten derselben innerhalb des Lumens ist auf so behandelten Präparaten bei keinem Entwicklungsstadium unserer Larve, weder im Pharynx, noch in dem Lumen anliegender Organe zu constatieren.

Aber auch das Bild, welches Schwarze in Fig. 7 (vh) gibt, zeigt, dass er den meinigen entsprechende Beobachtungen gemacht hat; nur durch das Vorhandensein freier Zellelemente sah er sich dann zu dem Schlusse gezwungen, dass das Lumen des Pharynx und des unpaaren Darmes anders gebildet werde, als das

---

[1]) l. c. pag. 16.

der paarigen Darmschenkel. Ich meinerseits vermute, dass bei den von Schwarze beobachteten Cerkarien nicht nur, sondern bei allen Formen die Bildung der Lumina lediglich durch allmähliches Auseinanderweichen der ursprünglich central gelegenen Zellen ohne Ausstossung von Elementen vor sich geht.

Der äussere Teil der Saugnäpfe, welcher bisher sein gleichmässiges Aussehen bewahrt hatte, beginnt jetzt ebenfalls sich weiter zu differenzieren. Es fangen zunächst die Radiärmuskeln an, sich zu bilden und zwar gerade so wie die Parenchymmuskeln durch Aneinanderlagerung von Zellen, deren Plasma sich lang auszieht; meist fand ich zwei Kerne in den einzelnen Muskelfasern; dieselben sind im jugendlichen Alter mit einem hellen Plasmahof umgeben, sowie mit deutlichem Kernkörperchen versehen. Beim weiteren Wachstume verschwindet beides, die Kerne sind zuletzt höchstens noch als kleine, knopfartige Auftreibungen der Fasern bemerkbar. Die Entwicklung derselben erfolgt nach und nach; während erst nur wenige vorhanden sind, nehmen sie später an Zahl immer mehr zu, bis sie zuletzt in grosser Menge die Wandungen der Saugnäpfe durchsetzen. Durch diese Muskelzüge wird der zelligen Grundmasse derselben, gerade wie dem Körperparenchym durch die Parenchymmuskeln, das Ansehen eines lamellösen Baues gegeben; doch hat hier wie dort diese Erscheinung mit der Bildung der Muskeln nichts zu thun, sie ist lediglich begleitender Nebenumstand.

Diese Grundsubstanz behält noch ziemlich lange ihren indifferenten, zelligen Character bei; erst nach 7 Wochen sehen wir grössere Bindegewebszellen auftreten, die bei der Färbung ein gleiches Verhalten zeigen, wie es Looss[1]) für die entsprechenden Elemente des Distomum trigonocephalum angibt (cf. Fig. 62 BG). Die Zellen treten characteristisch aus der übrigen Masse hervor, sind gross und haben ein feinkörniges, sich dunkel färbendes Protoplasma; der Kern ist hell und mit einem stark hervortretenden Kernkörperchen versehen. Je älter die Larve wird, um so mehr derartige Gebilde treten auf; jedoch nehmen sie den ausgesprochen grossblasigen Charakter, wie wir ihn bei dem ausgebildeten Wurme kennen gelernt haben, erst nach der Überführung der Larve in den Vogelmagen, also während der letzten Periode der Umbildung in das geschlechtsreife Tier an.

Des Eintrittes von Körperparenchymmuskeln in die Gewebe der Saugnäpfe ist bereits bei der Beschreibung des geschlechtsreifen Wurmes gedacht worden; bei den Larven sind die betreffenden Verhältnisse noch viel deutlicher und klarer zu erkennen, da die eintretenden Muskelfasern sich ausgesprochener gegen die mehr zellige und erst wenige Fibrillen zeigende Masse der Saugnäpfe abheben.

Das gleiche gilt auch von den Nervenfasern. Während es bisher nie gelungen ist, mit Sicherheit den Nachweis zu liefern, dass solche bei den Distomen in das Innere der Saugnäpfe eintreten, (Lang beobachtete es nur bei Tristomum?) fällt es hier nicht schwer, auf Schnitten, namentlich solchen, wo die oberste Fläche der Saugnäpfe getroffen ist, zu beobachten, wie Nervenäste als starke Bündel in dieselben eintreten und sich dort verzweigen. Die Eintrittsstellen finden sich gewöhnlich seitlich etwas unterhalb der Mitte des Saugnapfes und zeigen sich als scharf gegen die Umgebung abgegrenzte Öffnungen. Durch dieselben tritt je ein Nervenstrang, der rückwärts leicht bis zu den Ganglien verfolgt werden kann und innerhalb des Saugnapfes in schräger Richtung nach oben verläuft, indem er sich in eine Anzahl feiner

---
[1]) l. c. pag. 400, Fig. 6.
[2]) Lang. Mitth. a. d. Zool. Stat. Neapel. 1880, pag. 12.

Äste auflöst. Die einzelnen Nervenfasern endigen, so weit ich es verfolgen konnte, in je einer sich dunkel färbenden Zelle, die alle in einer der inneren Wand des Saugnapfes parallelen Zone angeordnet sind (cf. Fig. 61 und 62).

Die vorstehenden Angaben beziehen sich in der Hauptsache auf den Mundsaugnapf, jedoch haben sie im grossen und ganzen auch für den Bauchsaugnapf Geltung.

Der Bildung des Mundsaugnapfes vollkommen analog erfolgt die des Pharynx. Derselbe tritt zuerst als eine rundliche, durch eine Membran begrenzte Zellenmasse auf; die centralen Partien machen die beschriebene Wandlung durch, welche allmählich vom Mundsaugnapfe her zur Bildung des Lumens führen. Erst ein feiner Spalt, vergrössert sich dasselbe nach und nach durch Auseinanderweichen der Zellen, indem es sich zugleich nach hinten zu fortpflanzt

Die Wände des Pharynx gehen denen des Saugnapfes entsprechende Umwandlungen ein, doch war ein Übertreten von Muskeln oder Nerven hier niemals zu constatieren.

Die Schenkel des Darmes sind auf Schnitten anfangs als kurze solide Zellstränge zu erkennen, deren Elemente, wie namentlich auf Längsschnitten deutlich zu sehen ist, regelmässig hinter einander gelegen und in reger Teilung begriffen sind (cf. Fig. 56 D). Dieselbe findet nicht nur an der Spitze, sondern an allen Teilen desselben in gleicher Weise statt. Auf Querschnitten erkennt man dann als Querschnitt der Darmanlage 4 dicht aneinanderliegende Zellen ohne deutliche Grenzen, so dass also der ganze Darm aus vier Längsreihen dicht gedrängt stehender Zellen zusammengesetzt ist. Später vermehren sich diese Zellen auch in der Querrichtung, so dass wir in der Peripherie der Darmanlage eine immer mehr wachsende Anzahl von Kernen erhalten; der infolge dieser Erweiterung entstehende und dann ebenfalls sich vergrössernde Innenraum füllt sich ebenfalls mit undeutlich gegen einander sich abgrenzendem Zellen, die wahrscheinlich von den Wandzellen abstammen, aber sofort durch eine stärkere Neigung, Farbstoffe in sich aufzunehmen, von diesen sich unterscheiden. Auch jetzt noch ist die Darmanlage vollkommen solide; erst wenn in der äusseren Zellenlage 12, in der inneren Kerne bis 5 gezählt werden können, beginnt ein Lumen in Gestalt eines feinen Spaltes aufzutreten; es ist dann auch schon die Darmmuskulatur vorhanden. Nach dem Auftreten des Lumens können wir demnach an der Darmwand vier Schichten unterscheiden: zu äusserst die Darmmuskulatur, darauf die feine Eigenmembran und schliesslich das doppelt geschichtete und in den beiden Lagen different sich verhaltende Epithel. Auf diesem Stadium der Entwicklung bleibt der Darmapparat auch in völlig ausgebildeten Tieren bestehen.

Das Excretionsgefässsystem. Der Sammelraum und die Gefässtämme werden einheitlich und zwar mit den Darmschenkeln zu gleicher Zeit angelegt, während Schwarze[1]) bei der Cercaria armata fand, dass der excretorische Apparat in derselben Weise zwar, wie der Darm, jedoch später als dieser gebildet wird, sowie dass das Lumen desselben durch Zerfall der axialen Zellen entsteht.

Bei unserer Larve fand ich, entsprechend der Gleichzeitigkeit der ersten Anlage, auch das Lumen in beiden Organen meist zu gleicher Zeit vorhanden; bei einer Grösse des Tieres von 0,18:0,13 mm erstrecken sich beide bis zur Mitte des Bauchsaugnapfes hin; es haben demnach die Schenkel des Excretionsgefässsystems ungefähr die doppelte Länge (0,1 mm) der Darmschenkel. Auch das weitere Wachstum

[1]) l. c. pag. 18.

beider geht in gleicher Intensität vor sich, so dass, wenn der Darm seine definitive Länge erreicht hat, auch das Excretionsgefässsystem in der Hauptsache fertig gebildet ist, d. h. dass die Gefässstämme in ihrem ganzen Verlaufe bis zum hinteren Leibesende vorhanden sind.

Die Längenzunahme der Gefässstämme wird herbeigeführt durch Querteilung der einzelnen Zellen, die mit ziemlicher Lebhaftigkeit vor sich geht und, da eine Zunahme im Umfange kaum stattfindet, ein ausgiebiges Längenwachstum im Gefolge hat. Die Bildung des Lumens findet im Sammelraum und den diesen zunächst gelegenen Teilen der Gefässstämme ebenfalls durch vom Porus her fortschreitendes Auseinanderweichen der Wände statt; wie dieselbe in den hinteren Partien vor sich geht, habe ich zwar nicht beobachten können, doch dürfte sie wohl kaum besondere Eigentümlichkeiten und Abweichungen aufweisen.

Das Plasma der Wandzellen dehnt sich bei zunehmender Grösse des Tieres immer flächenhafter aus: die Kerne treten dann stark nach dem inneren Lumen hervor und verschwinden, wie wir schon öfter gesehen haben, später mehr oder minder, wenn auch selten so vollständig, dass man sie nicht mehr nachweisen kann. Im Inneren können der Wandung mitunter noch Zellen aufliegen, wie sie Schwarze Fig 9 eo. zeichnet. Ihr Verhalten während des ferneren Wachstums dürfte dem der im Mundsaugnapf und Pharynx beschriebenen Zellen entsprechen. Eine Flimmerung ist in den Gefässen nicht vorhanden. Mit 8 Wochen, also zur Zeit der ersten Häutung, konnte ich zum ersten Male Flimmertrichter in den jungen Larven auffinden.

Das Nervensystem legt sich schon auf einem ziemlich frühen Stadium unterhalb des Mundsaugnapfes zu Seiten des Pharynx als zwei rundliche Massen an. Am besten lässt sich der Bau des gesammten Nervenapparates zur Zeit der Bildung des Darmlumens studieren, da einmal dasselbe schon zu dieser Zeit in seiner ganzen definitiven Ausdehnung vorhanden ist, und weil hier auch die histologischen Verhältnisse noch klar und leicht ersichtlich zu Tage liegen.

In ersterer Beziehung kann also nur auf die Angaben verwiesen werden, welche bei der Besprechung des geschlechtsreifen Wurmes gemacht wurden, was die letzteren anlangt, so zeigen sich sämmtliche Nervenstränge umgeben von einer Schicht von Zellen, deren Plasma gering ist und deren Kerne darum eng aneinander gelagert erscheinen. Auf Sagittalschnitten liegen sie wie Perlschnüre an den Hauptstämmen entlang; bei feineren Nervenfasern treten sie ebenfalls, im übrigen aber auch einzelner auf, eine Eigenschaft, vermöge deren man leicht beobachten kann, sowohl wie die Nerven sich verzweigen, als auch wie und an welche Organe sie herantreten. Mit zunehmendem Alter und Wachstum des Tieres werden die Kerne dieser Zellen immer weiter auseinander gerückt, so dass es bei späteren Stadien unmöglich wird, die Zugehörigkeit dieser Elemente zum Nervensystem festzustellen (cf. Fig. 60).

Beobachtet sind diese Zellen zuerst von Ziegler[1]) bei Gasterostomum, der sie als Ganglienzellen deutete, sodann von Schwarze[2]), der zwischen den Zellkernen und der eigentlichen Gehirnmasse meist einen glashellen, ungefärbten Saum fand und aus diesem Grunde schon schliessen zu können glaubte, dass er es hier mit einer Nervenscheide zu thun hätte. Ich habe diesen hellen Saum ebenfalls beobachtet, glaube ihm aber keine besondere Bedeutung zuschreiben zu können: denn einmal ist sein Auftreten, namentlich

[1]) l. c. pag. 551.
[2]) l. c. pag. 22.

bei älteren Tieren, niemals ein constantes, indem er oft auf längere Strecken ganz fehlt, dann wieder in wechselnder Stärke auftritt, anderseits zieht über diesen Saum stets unverändert die sich dunkel färbende Kernschicht hin und zeigt den Verlauf des Nerven an. Während ich nun der Ansicht zuneige, dass dieser glashelle Saum nichts anderes ist als ein Kunstproduct, entstanden dadurch, dass sich die Kernschicht stellenweise etwas von der darunter gelegenen Nervenmasse losgelöst hat, stimme ich aber Schwarze völlig darin bei, dass diese Kernlage keine nervöse Function besitzt, sondern eine selbstständige, bindegewebige Nervenscheide darstellt.

Die Ganglien, sowie die Nervenstämme bestehen auch bei der Larve aus einer feinfaserigen Masse, in der sparsam Ganglienzellen eingelagert sind.

Die Genitalorgane. In Folge des gleichmässigen Aussehens des Körperparenchyms gelang es mir nicht, die Anlage der Genitalorgane bis zurück zu ihrem ersten Anfange bei der Larvenentwicklung zu verfolgen. Das erste Auftreten der Geschlechtsanlage als eines besonderen Zellencomplexes, sowie dessen Zerfall in die einzelnen Zellenhaufen, aus denen die Keimdrüsen, sowie einzelne Teile der Leitungswege hervorgehen, habe ich schon oben besprochen und kann darum hier gleich zur Beschreibung der Organe selbst übergehen, wie sie sich gegen das Ende der Larvenentwicklung hin ausgebildet zeigen.

Die Hoden erscheinen als zwei rundliche oder ovale Gebilde (0,078:0,045 mm), die nach aussen durch eine zarte Membran begrenzt sind; in dieser sind viele noch wenig abgeflachte, auf die Entstehung der Membran hindeutende Kerne (0,004 mm) nachweisbar. Das Innere der Hoden ist von einer gleichmässigen Zellenmasse erfüllt, in der Zellgrenzen nicht sichtbar werden; die Kerne sind gross (0,006 mm) und besitzen ein deutliches Kernkörperchen.

Auch die Anlage des Cirrusbeutels hat sich nach aussen durch eine Membran abgegrenzt; erfüllt ist dieselbe von gleichmässig homogen sich färbenden Zellen, in deren Mitte ein sich dunkler färbender Strang sichtbar ist, die Anlage des Penis; ein Lumen, entstanden durch Auseinanderweichen der centralen Zellen, ist in demselben meist schon auf eine kurze Strecke vorhanden. Die aus den Hoden ihren Ursprung nehmenden Vasa efferentia, sowie das gemeinsame Vas deferens sind als solide Zellstränge ebenfalls leicht zu erkennen.

Das Ovarium (0,072:0,048 mm) unterscheidet sich von den Hoden nur durch die kleineren Kerne (0,004 mm) seiner Inhaltsmasse. Für die Schalendrüse ist eine abgrenzende Haut nicht nachweisbar; ihre Zellen haben jetzt noch einen völlig indifferenten Charakter. Der Uterus ist als ein dicker Zellstrang vorhanden, der sich vom Ovarium aufwärts bis zur Höhe des oberen Randes des Bauchsaugnapfes und abwärts bis zur Geschlechtsöffnung erstreckt (cf. Fig. 7). Ein Lumen ist in dem Endteil der weiblichen Geschlechtswege noch nicht zu erkennen, doch sind die Zellen in der Metamorphose so weit vorgeschritten, dass ihre Grenzen sichtbar sind, und dass man auch die Linie verfolgen kann, in der die Bildung desselben vor sich gehen wird.

Den Schluss der Larvenentwicklung bildet die Encystierung; diese besteht in einem doppelten Häutungsprozesse, der so vor sich geht, dass die in der Ablösung begriffene Haut als helle, zart contourierte und structurlose Membran der darunterliegenden neuen und sich im Gegensatz zu dieser stark färbenden Haut fest anliegen bleibt. Die Ablösung der äusseren Hülle erfolgt zuerst an den vorderen

Partien und zwar dadurch, dass wahrscheinlich eine Flüssigkeit zwischen ihr und der Körperhaut abgeschieden wird, wodurch sie aufgebauscht und blasenartig nach aussen hervorgetrieben wird: im ganzen erfolgt die Ablösung jedoch nie vollständig, da die Haut immer an den Übergangsstellen in die Körperorgane mit diesen fest verbunden bleibt. In die Lumina der Saugnäpfe erstreckt sich die Häutung übrigens hinein, wie leicht bei gelindem Druck auf das Deckgläschen zu sehen ist: es stülpt sich dann die abgelöste Membran, die nur mit den Saugnapfrändern in festem Zusammenhange zu bleiben scheint, sackartig nach aussen hervor (cf. Fig. 7).

Für die Ausführung der beigefügten Abbildungen fühle ich mich meinem Freunde Dr. Looss zu wärmstem Danke verpflichtet, dem ich hierdurch wenigstens in etwas Ausdruck geben möchte.

Erklärung der Abbildungen.

Sämmtliche Abbildungen sind mit Ausnahme der Figuren 1—3 und 22 nach mikroskopischen Präparaten mit dem Zeiss'schen Zeichenapparate gezeichnet.

Tafel I.

Figur 1—3 sind mit der Lupe resp. mit blossem Auge, Figur 4—8 bei Objectiv A und Ocular II, Zeiss, gezeichnet.

Fig. 1. Leucochloridium paradoxum aus der Schnecke herauspräparirt. Man erkennt an den Spitzen der älteren Schläuche, an deren Basaltheilen die secundären Proliferationen sich mehr oder minder entwickelt zeigen, die zu den grossen Schläuchen anwachsenden Endstücke, deren allmähliche Entwicklung und Ausfärbung hier deutlich zu sehen ist. Die Auftreibung in dem Stiele des untersten Schlauches wird durch eine desselben passierende reife Larve hervorgerufen. Der oben in der Mitte gelegene Schlauch ist vollkommen erwachsen und in den Fühler der Schnecke eingetreten, der Stiel aber, der Raumersparnis halber, hier viel kürzer gezeichnet, als er im richtigen Verhältnis sein würde. Vergrösserung ungefähr dreifach.

Fig. 2. Eine Succinea amphibia, deren Parasit 8 reife Schläuche zur Entwicklung gebracht hat, die sämmtlich in die Fühler einzutreten bestrebt sind. Natürliche Grösse.

Fig. 3. Succinea amphibia mit einem Schlauche der braunen Varietät des Leucochloridium paradoxum. Der andere nicht besetzte Fühler zeigt die für die Anwesenheit des Parasiten charakteristische Auftreibung. Natürliche Grösse.

Fig. 4. Eine noch nicht völlig erwachsene Distomenlarve aus einem der reifen Schläuche; unter der äusseren, in weitem Bogen den Tierkörper umgebenden Haut sieht man die an wenigen Stellen sich oben ablösende zweite Hülle. Von den inneren Organen ist vor allem das Excretionsgefässsystem vollständig eingezeichnet.

Fig. 5. Eine völlig ausgebildete und zur Übertragung reife Larve, von der doppelten Hülle umgeben; der inneren sind viele Körnchen angelagert. Am Kopfe tritt der Kopfkragen deutlich hervor; von den inneren Organen erkennt man ausser den Saugnäpfen mit dem Darme deutlich die Anlagen der Geschlechtsdrüsen, sowie das Nervensystem mit den beiden asymetrisch verlaufenden Längsnervenstämmen.

Fig. 6. Eine reife Larve von der Seite gesehen, mit ihren beiden Hüllen, von denen die erste sich auch in die Lumina der Saugnäpfe hinein erstreckt.

Fig. 7. Dieselbe Larve, etwas gedrückt; infolge dessen sind die in den Saugnapflumina gelegenen Teile der äusseren Haut sackartig nach aussen hervorgetreten; es sind hier ausserdem die Hauptbündel der Parenchymmuskeln gezeichnet, sowie im hinteren Körperteile die bis in die Höhe des Bauchsaugnapfes reichende Anlage des Uterus.

Fig. 8. Geschlechtsreifes Distomum macrostomum. Die grossen Saugnäpfe machen ein Drittel des gesammten Tierkörpers aus; die Dotterstöcke liegen ausschliesslich in den Seitenfeldern zwischen Darm und Körperwand; von dem Darme sind infolge der stark gefüllten Uterusschlingen nur die Endabschnitte sichtbar; die Geschlechtsorgane sind im hinteren Körperabschnitt, sowie die Ausmündungsstellen derselben am hinteren Körperende gelegen; cf. Fig. 22.

Tafel II.

Figur 9—17 gehören zur Histologie des Leucochloridium paradoxum.

Fig. 9. Das äussere Ende eines jungen wachsenden Sporocystenschlauches auf dem Längsschnitte. Unter der von der Cuticula C, der Ringmuskellage R.M und der Längsmuskulatur L.M gebildeten äusseren Haut liegt das innere, aus dicht gedrängt stehenden Zellen zusammengesetzte Wandepithel, das im Inneren des Schlauches nur einen ganz schmalen Hohlraum frei lässt. Nach rechts zu beginnen die demselben anliegenden Wandzellen bereits Anzeichen der Metamorphosierung ihres Inhaltes aufzuweisen.

Fig. 10. Längsschnitt durch die Wand eines etwas älteren Schlauches. Zwischen den beiden Muskellagen der Haut findet sich die mit blassen Kernen durchsetzte feinkörnige Substanzlage; die Zellen des Wandbelages zeigen sich nach innen blasig aufgetrieben, die Kerne sind grundständig geworden.

Fig. 11. Schnitt durch die Wand eines noch etwas älteren Schlauches. Der Wandbelag besteht aus einer einfachen, unregelmässigen Zellenlage, über der hier und da Kerne der Binnenmembran erkennbar sind.

Fig. 12. Medianer Längsschnitt durch eine secundäre Proliferation eines Sporocystenschlauches, auf dem alle Phasen der Umwandlung des Wandbelages sowie die Entstehung der Hautmuskulatur neben einander zu beobachten sind.

Fig. 13. Ein Keimlager (KL) in einem ausgebildeten Sporocystenschlauche. Aus demselben haben mehrere Keimballen (KB) ihren Ursprung genommen; vier derselben auf verschiedenen Entwicklungsstufen werden von der mit Kernen durchsetzten Membran M noch an ihrer Entstehungsstelle festgehalten; ein fünfter, noch weiter entwickelter ist bereits frei in das Innere des Schlauches hineingetreten.

Fig. 14. Ein Stück aus dem zweiten Drittel der Wand eines ausgefärbten Schlauches. Unter der Cuticula C in der Ringmuskellage RM finden sich vereinzelt kleine grüne Pigmentzellen P, in dem Wandbelage der Innenseite mehrere grosse grüne und eine braune.

Fig. 15. Flächenschnitt durch einen grossen Schlauch ungefähr im letzten Drittel, der infolge der Cylinderform desselben rechts dicht unter der Cuticula hingeht, während nach links zu die tieferen Partien des Wandbelages getroffen sind. Man erkennt unter den Ring- und Längsfasern den Zellenbelag, bestehend aus den grossen Blasenzellen, zwischen denen die sternförmigen Bindegewebszellen sich ausbreiten; ein grosser Teil der Zellenmasse trägt noch den Charakter der ursprünglichen Bindegewebszellen; auch in den Blasenzellen findet man am Grunde (rechts) noch oft Kerne gelegen, die keine Veränderung den anderen gegenüber zeigen.

Fig. 16. Querschnitt durch einen der grossen Buckel im Vorderteil des Schlauches. Man sieht die starke Pigmentierung, die Teilung der Ringmuskellage und die ausserordentliche Anhäufung der Drüsenzellen, welche ebenfalls buckelförmig nach innen hervortreten.

Fig. 17. Zwei amöboide Zellen aus der Flüssigkeit des Schlauches; die eine mit einem, die andere mit vier Kernen.

Fig. 18—21 aus der Histologie des ausgebildeten Wurmes.

Fig. 18. Flächenschnitt durch den Rand des Bauchsaugnapfes, auf dem man zwischen den Muskeln deutlich die reichliche Ausbildung des Grundgewebes erkennen kann.

Fig. 19. Meridionalschnitt durch den dorsalen Rand des Mundsaugnapfes, auf dem man bei * den dreieckigen von Muskeln freien, aber von Grundgewebe erfüllten Raum sehen kann. C die Cuticula mit den feinen Stacheln, die beim Übergang auf den Rand des Saugnapfes bedeutend sich verdickt. MR die Ansätze der von dem Rücken des Saugnapfes nach der Körperfläche hinziehenden Parenchymmuskeln.

Fig. 20. Ein Bündel reifer Spermatozoen, das eben aus der Mutterzelle herausgetreten ist.

Fig. 21. Zwei reife Spermatozoen.

Tafel III.

Fig. 22. Die Geschlechtsorgane des ausgebildeten Distomum macrostomum. T_1 und T_2 die beiden Hoden, deren Vasa efferentia zu dem gemeinsamen, hier zu einer prall mit freien Spermatozoen erfüllten Vesicula seminalis erweiterten Vas deferens zusammentreten, das direct in den Cirrusbeutel CB übertritt. In diesem liegt, von Drüsen umgeben, der Ductus ejaculatorius, dessen unteres Ende als Penis durch die Geschlechtsöffnung MGO nach aussen ausgestülpt werden kann. Ov Ovarium; KG Keimgang, der in die hier nur angedeutete Schalendrüse SD eintritt und den Ausführungsgang des Dotterreservoirs DR in sich aufnimmt. TDG die transversalen Dottergänge, mit ganzen Dotterzellen erfüllt; Ut Uterus, in dem mehrere eben gebildete Eier liegen. LK Laurer'scher Kanal mit Dotterbrocken. WGO weibliche Geschlechtsöffnung.

Fig. 23—30. Frisch untersuchte Eier, bei denen die Grenzen der Embryonalzellen durch Essigsäure deutlicher gemacht wurden.

Fig. 23. Am Deckelpol liegt die Eizelle, mit Kern und Kernkörperchen ausgestattet. Den übrigen Teil des Eies erfüllt der mit stark lichtbrechenden Elementen versehene Dotter.

Fig. 24. Ei mit zwei Embryonalzellen.

Fig. 25 und 26. Eier mit drei Embryonalzellen in verschiedener Lage.

Fig. 27. Ei mit fünf Embryonalzellen.

Fig. 28. Ei mit sieben Embryonalzellen.

Fig. 29 und 30. Eier mit mehr Embryonalzellen, bei denen der Dotter fast ganz aufgebraucht und zum Teil zwischen den Furchungselementen nach vorn getreten ist.

Figur 31—36. Eier nach Conservierung und Färbung des Inhaltes.

Fig. 31. Karminfärbung. Der Embryo hat sich durch Einwirkung von Glycerin zusammengezogen; in der hier bereits gebildeten Hüllmembran sind zwei Kerne sichtbar.

Fig. 32 und 33. Optische Durchschnitte zweier in Sublimat conservierter Eier auf verschiedenen Entwicklungsstadien.

Fig. 34 und 35. Zwei in Sublimat conservierte und ausgedrückte Embryonalkörper, bei denen ausser der mit Kernen versehenen Hüllmembran im Inneren je zwei etwas dunklere Flecke wahrzunehmen sind. Bismarckbraun.

Fig. 36. Der Embryonalkörper lässt um sich herum einen hellen Saum EK erkennen. (Ektoblast) En Entoblast. Säurekarmin.

Fig. 37. Ein unversehrt aus der Eischale herausgedrückter Embryo; mit Ammoniakkarmin angefärbt und im optischen Durchschnitt gezeichnet. Vorn und hinten je ein stark lichtbrechender Zapfen; über den Rücken zieht der Borstenkamm.

Fig. 38. Lebender Embryo aus dem Magen der Schnecke während der Ruhe.

Fig. 39. Derselbe freischwimmend; der hintere Zapfen ist als Steuer lang ausgezogen.

Figur 40—46. Darstellung des allmählichen Wachstums und der Proliferationen der jungen Sporocyste. (Zeiss a*, 1.)

Fig. 40. Nach acht Tagen.

Fig. 41. Nach vierzehn Tagen. Erster Beginn der Schlauchbildung.

Fig. 42. Nach 3—4 Wochen. Die Schläuche haben an Zahl zugenommen.

Fig. 43. Nach 4—5 Wochen.

Fig. 44. Nach 5 Wochen.

Fig. 45 und 46. Nach 7—8 Wochen. Die Sporocyste zeigt bis auf den Mangel der grossen Schläuche die volle Ausbildung.

Tafel IV.

Fig. 47. Querschnitt durch eine junge Sporocyste von ungefähr 6 Tagen. Dieselbe ist aussen von der kernhaltigen Hülle H umgeben und zeigt im Inneren einen Haufen gleichartiger, embryonaler Zellen.

Fig. 48. Nach ungefähr 10 Tagen. Unter der Hülle H ist die Hautmuskelschicht HM aufgetreten, in der durch die der Hülle eng anliegenden Zellen MZ die Muskeln entstehen. Auftreten des inneren Hohlraumes HR.

Fig. 49. Nach 11—16 Tagen. In der Hautmuskelschicht HM sind die Muskeln fertig gebildet; der innere Hohlraum ist bedeutend gewachsen: der Wandbelag differenziert die ersten Keimballen KB. Auftreten der Binnenmembran BM.

Figur 50—62 zur Histologie der sich entwickelnden Larve gehörig.

Fig. 50. Keimballen, dessen Hautschicht sich von der inneren Zellmasse abgehoben hat; in der Hautschicht sind Kerne mit geringem hellen Plasmahofe sichtbar.

Fig. 51. Keimballen mit doppelter Hautschicht H_1 und H_2. Die oberste (H_1) hat sich infolge Einwirkung von Wasser abgehoben; die Kerne K, scheinen frei in dem inneren Hohlraume zu liegen.

Fig. 52. Bildung des Lumens im Mundsaugnapfe (SN) und Pharynx (Ph). Die Zellelemente der Wandungen des Saugnapfes und des Pharynx tragen noch einen indifferenten Charakter; im centralen Teile sehen wir die heller gewordenen, metamorphosierten Zellen (ZW), welche durch Auseinanderweichen das Lumen (L) zu bilden beginnen. N Nervensystem.

Fig. 53—55. Dasselbe. Drei zugehörige Schnitte, ein vierter, zwischen den beiden ersten gelegen, ist weggelassen. Die Schnittführung ist diagonal zu der Flächen- und Querrichtung des Tieres. Das Lumen (L) im Saugnapfe ist etwas grösser geworden, als es die Figur 52 zeigt; es wird nach unten zu immer enger, erscheint im Pharynx (Figur 54) nur noch als enges Loch (L) zwischen den metamorphosierten Zellen (ZW) und ist auf dem nächsten Schnitt, Fig. 55, noch nicht vorhanden.

Fig. 56. Das Lumen (L) ist bis zu den Darmschenkeln fertig gebildet. Die hellen Zellen (ZW) liegen in ganzer Ausdehnung der Wand des Saugnapfes und Pharynx an. Im Darm (D) finden wir vielfach Kerne, welche eng aneinanderliegen und eine Teilung der darmbildenden Zellen anzeigen. Die Darmanlage erscheint auf diesem Schnitt aus zwei Zellreihen bestehend.

Fig. 57. Die Zellen der Wandungen des Mundsaugnapfes haben begonnen Muskelfibrillen zu bilden. Aus der Grösse des Lumens ersehen wir, dass die Larve sich auf einem weit vorgeschrittenen Entwicklungsstadium befindet; in dem Saugnapf auskleidenden Haut sind noch grosse Kerne mit Plasmahofe sichtbar; desgleichen finden sich auch in der dem Saugnapf nach aussen begrenzenden Haut viele Kerne.

Fig. 58. Bildung des Darmlumens. Wir unterscheiden die beiden Epithelien E_1 und E_2 und erkennen innerhalb des letzteren das Darmlumen, welches nach hinten zu immer enger wird und, wie der nächste, hier jedoch nicht wiedergegebene Schnitt zeigt, im Endteil des Darmes noch gar nicht vorhanden ist.

Fig. 59. Querschnitt durch die Larve. Im Bauchsaugnapfe sehen wir die Bildung der Radiärfibrillen (MZ) durch Zellen, deren Plasma sich lang auszieht. Desgleichen sehen wir, dass die Bildung der den Bauchsaugnapf mit der Körperwand verbindenden Parenchymmuskeln (*PM*) auf dieselbe Weise geschieht. Im Inneren der Larve hat sich das Körperparenchym schon metamorphosiert, während die peripheren Teile noch den embryonalen Typus tragen. Deutlich tritt dort, wo die Parenchymmuskeln vom Saugnapfe nach der Körperwand gehen, der lamellöse Bau des Körperparenchyms hervor. Im Darme (*D*) sind beide Epithelien, jedoch noch kein Lumen vorhanden.

Fig. 60. Verlauf der Hauptstämme des Nervensystems. Die Kerne der Bindegewebszellen liegen wie Perlschnüre den Nervenstämmen an. * Eintritt je eines Astes in den Mund-, ** in den Bauchsaugnapf. Unter dem Bauchsaugnapfe sehen wir die Commissur von einem Nervenstamme zum anderen verlaufen. Um die Larve herum, sowie in den Saugnäpfen derselben ist die Haut (*H₁*) zur ersten Häutung schon differenziert. *GA* Genitalanlage.

Fig. 61. * Eintritt eines Nervenastes in den Mundsaugnapf. Die Verzweigungen desselben enden in der Gegend des Lumens in kleinen Zellen.

Fig. 62. Dasselbe. Der Nervenast (*NF*) gibt nach und nach viele Zweige ab, von denen jeder in einer kleinen Zelle mit dunkel sich färbendem Plasma und hellem Kern endigt. Es sind noch mehrere derartige Zellen vorhanden, ohne dass ein an sie herantretender Nervenzweig nachgewiesen werden kann. *BG* Die von Looss als durch ihre Färbung charakteristisch beschriebenen Bindegewebszellen der ausgebildeten Distomen, welche sich bei unserem Thiere in die Blasenzellen umwandeln.

Taf. I.

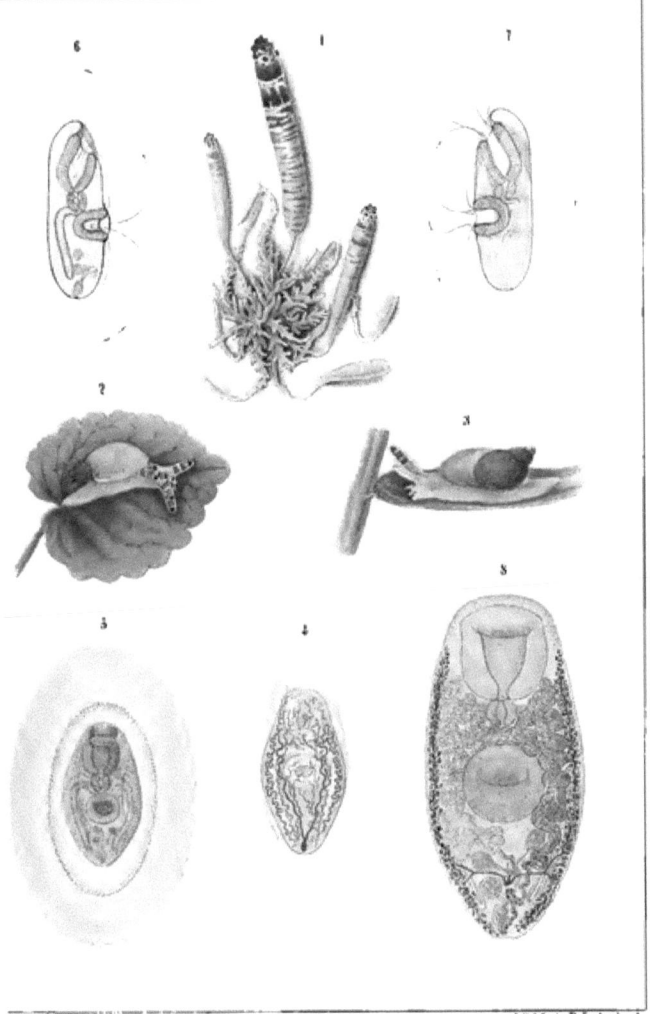

Taf. II.

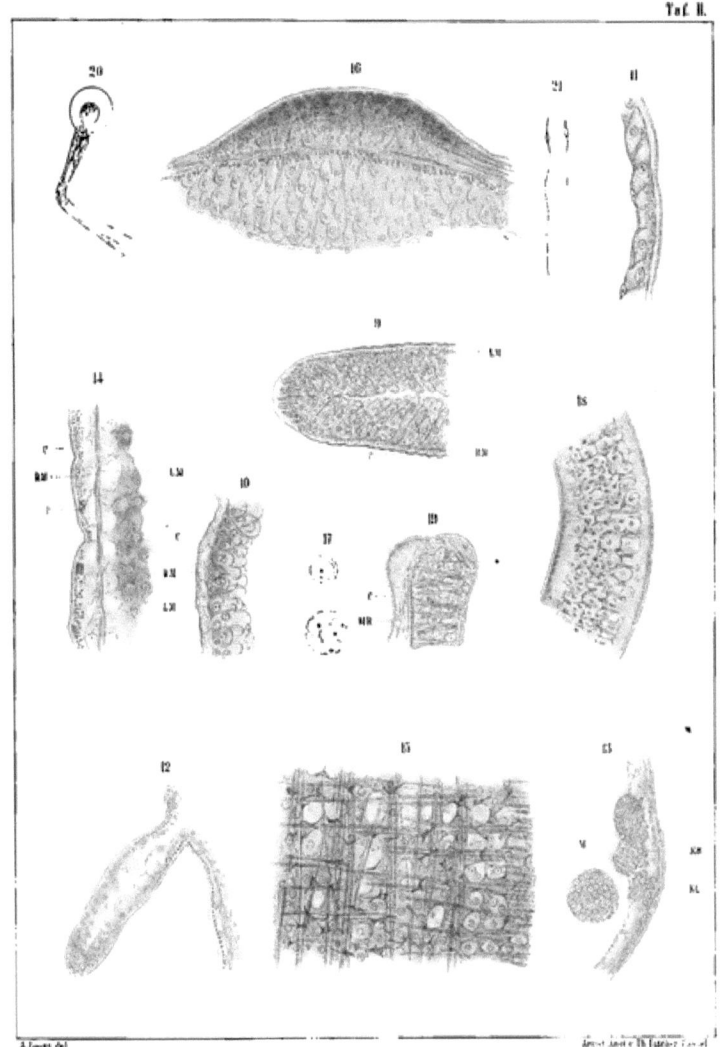

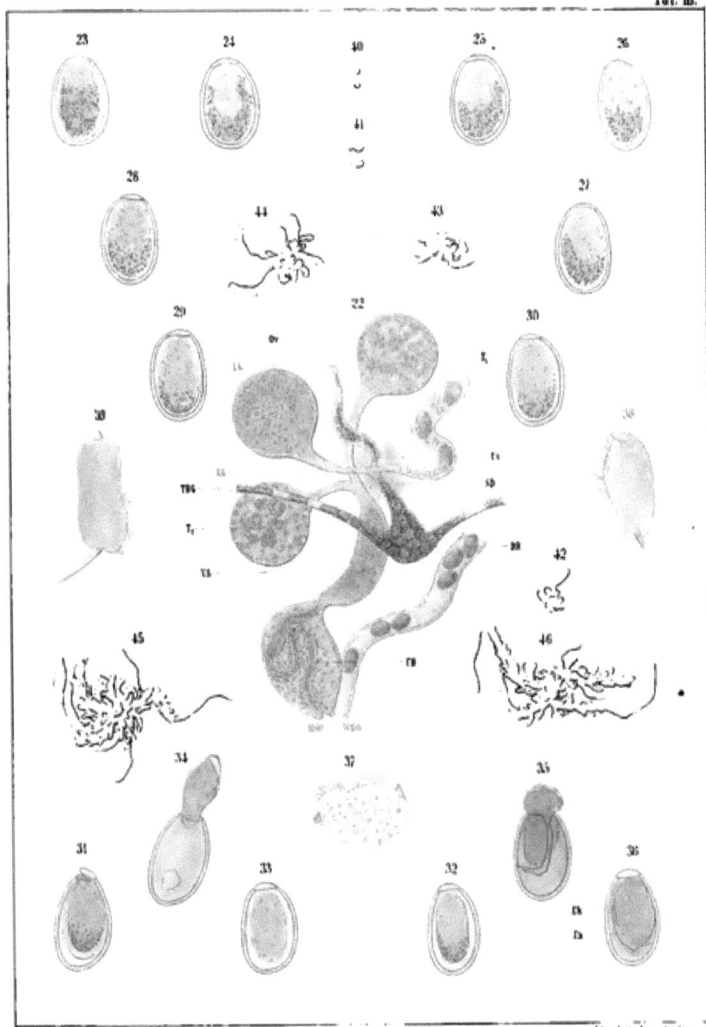

Taf. IV.